Avant propos

Voici le livre que j'aurais voulu trouver en 2016 lorsque l'envie d'expatriation est arrivée. Vous y retrouverez tout ce qu'il faut sur votre expatriation à Dubaï, que ce soit solo , en couple ou en famille, tout y est réuni afin de vous aider au mieux dans ce grand changement de vie.

Bonne lecture

Sommaire

Habibi come to Dubai !

Présentation

- **7** Un peu d'histoire
- **13** L'économie

Emploi

- **20** Trouver un travail à Dubaï
- **22** Conditions de travail
- **30** Le millieu de l'emploi
- **33** Refaire son CV
- **40** Offres d'emploi, Contrat
- **47** Budget recherche d'emploi 3mois

Création de sa société à Dubai
pages **50 à 63**

L'expatriation
pages **64 à 71**

Les différents Visa
pages **72 à 79**

Préparer son déménagement
pages **80 à 93**

La vie au quotidien à Dubai
pages **94 à 102**

Le ramadan
pages **109 à 112**

Logement

- **114** Trouver un logement
- **121** Le prix des loyers
- **126** Les frais associés
- **129** Comment trouver son logement
- **141** Descriptifs global des quartiers
- **167** Déménagement

Les déplacements
pages **174 à 177**

Les télécommunications
pages **178,179**

L'éducation

- **180** Les options et coûts
- **186** Les crèches
- **193** les écoles
- **203** L'obtention des bourses

Le coût de la vie
pages **208 à 212**

Sommaire

Habibi come to Dubai !

Employé une maid — pages 212 à 222
Les commerces — pages 223 à 226
Les pourboires — pages 227 à 229
Les animaux de compganie — pages 230 à 243
La grossesse (suivi,frais, docteurs..) — pages 244 à 256
L'assurance chômage — pages 257 à 260
Le consulat Français — pages 261 à 266
Où faire la fête — pages 267 à 272
Les Restaurants — pages 273 à 276
Les applis à avoir — pages 277 à 281
Les supermarchés — pages 282 à 285
Les expressions arabes — pages 286 à 288
Les numéros utiles en cas d'urgence — pages 289 à 293
Memo — pages 294 à 300

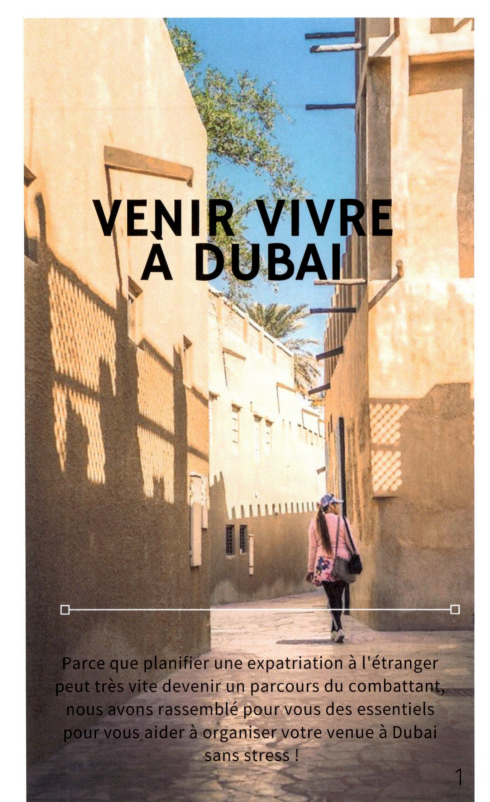

VENIR VIVRE À DUBAI

Parce que planifier une expatriation à l'étranger peut très vite devenir un parcours du combattant, nous avons rassemblé pour vous des essentiels pour vous aider à organiser votre venue à Dubai sans stress !

PRÉSENTATION

Les Emirats Arabes Unis

Superficie : 77,770 km 2
Régime : État fédéral composé de 7 émirats (Abu Dhabi, Dubaï, Sharjah, Ras Al Khaimah, Fujairah, Umm Al ,Quwain, Ajman).
Capitale : Abou Dhabi
Décalage horaire : 3h de plus par rapport à la France (horaire d'hiver)

Vol : 6h30 – 7 h de vol depuis Paris, Nice, Lyon. 3h depuis Israël
Superficie : 82 880 km², soit l'ensemble Bretagne + Normandie + Pays de la Loire

Population : 9,89 millions (2020)
PIB par habitant : 43 103,34 USD (2019)– à titre de comparaison, celui de la France est de 36 855 US .

Langue officielle : arabe (mais la langue d'affaire est l'anglais).
Langues parlées : anglais, hindi, ourdou…

UN PEU D'HISTOIRE

Les émirats du golfe Persique, connus au XIXe siècle sous le nom d'États de la Trêve, sous protectorat britannique de 1892 à 1971, devinrent en décembre 1971 la fédération des Émirats arabes unis.

Au début des années 1960, un premier puits de pétrole fut découvert à Abu Dhabi, ce qui permit le développement rapide de l'émirat, sous la conduite de Cheikh Zayed ben Sultan Al Nahyane, qui fit construire des écoles, des hôpitaux, des logements et des routes. Dubaï fut également gagné par cet élan de développement économique, aidé par les recettes des exportations pétrolières.

Le 6 août 1966 : Zayed ben Sultan devient émir d'Abu Dhabi en renversant pacifiquement son frère. Il va porter la modernisation du pays et lancer le projet de fédérer les différents émirats de la région.
Les différents émirats commencèrent à se rapprocher et à reprendre le contrôle des mains des Anglais, notamment en formant un conseil qui leur permit de décider eux-mêmes des enjeux politiques les concernant.

À la tête de ce conseil se trouvait Adi Bitar, le conseiller de Cheikh Rachid ben Saïd Al Maktoum.

Enfin, en 1968, les Britanniques annoncèrent leur décision de mettre fin au traité de protectorat qui les liait aux États de la Trêve, ainsi qu'aux émirats de Bahreïn et du Qatar.

Les 9 états tentèrent de former une union, mais ne parvenant pas à se mettre d'accord, Bahreïn et le Qatar déclarèrent leur indépendance respectivement en août et en septembre 1971. Mais un accord fut conclu entre six émirats (Abu Dhabi, Dubaï, Charjah, Oum al Quwain, Fujaïrah et Ajman).

Il aboutit à la création d'une fédération, qui prit le nom d'Émirats arabes unis, née officiellement le 2 décembre 1971.

Début 1972, le septième émirat, Ras al-Khaimah, rejoignit la fédération.

En 2007 : Inauguration de la mosquée Sheikh Zayed à Abu Dhabi qui est la plus grande structure en marbre jamais construite par l'homme.

En 2010 : Inauguration de Burj Khalifa à Dubaï, la tour la plus haute du monde, culminant à 828 mètres.

En 2013 : Dubaï est choisie pour accueillir l'exposition universelle de 2020.

Le 8 novembre 2017 : Inauguration du Louvre Abu Dhabi. Imaginé par l'architecte Jean Nouvel, le musée abrite 600 œuvres allant de l'Antiquité à l'art contemporain.

2021 : Expo universelle d'octobre 2021 à Mars 2022.

EXPATRIATION

POURQUOI S'EXPATRIER AUX EMIRATS ARABES UNIS ?

Quitter la France pour s'expatrier, Visez juste !

Dans un premier temps, votre nouvelle destination doit être une ville déjà visitée une fois au moins dans le passé. C'est fortement recommandé !

Ensuite, posez-vous la question si cette nouvelle destination va permettre de changer votre vie de manière radicale sur le plan professionnel !

Donc, ce pays d'accueil doit vous offrir des opportunités et coller à vos aspirations afin de vous enrichir intérieurement et de vous éclater.

D'où l'importance de se préparer pour bien choisir avant de partir vivre à l'étranger !

Dubaï est devenue en une décennie une plateforme commerciale incontournable, à mi-chemin entre l'Asie et l'Europe, et au cœur d'une zone à très fort potentiel, MENA, regroupant le Moyen-Orient et l'Afrique du Nord. La création de sociétés à Dubaï connaît un véritable essor, et ceci pour plusieurs raisons..

- Qualité et développement des infrastructures
- Sécurité
- Desserte aérienne, notamment avec Emirates Airlines permettant de voyager partout dans le monde.
- Qualité de vie des expatriés
- Exonération d'impôt, (Les impôts sur les sociétés arrivent en juin 2023)

Zone géographique à forte croissance avec une démographie en hausse constante. Vivier d'entreprises nouvelles, accès à de nouveaux marchés (180 nationalités vivant sur place) Salons internationaux, Dubai est la capitale du Moyen-Orient.

Dubaï est la capitale économique des Emirats Arabes Unis, l'un des pays les plus riches par habitant.

Sa politique pro-entrepreneuriale et son système juridique simple , sans impôts et sans taxes, attire de nombreux créateurs d'entreprises, des filiales de grandes entreprises, ainsi que des particuliers à la recherche d'optimisation fiscale.

Créer sa société à Dubaï, permet de faire des affaires avec moins de tracas et plus d'efficacité.

ECONOMIE

ÉCONOMIE

01 L'économie des Émirats arabes unis est dominée par les activités liées au pétrole, au gaz, à la pétrochimie (7e réserve mondiale). Abu Dhabi assure à lui seul 60 % du PIB total et plus de 90 % de la production d'hydrocarbures.

02 Grâce à une diversification initiée dès les années 1980, les revenus du pétrole ne représentent qu'un tiers du PIB.
Les services (commerce international, tourisme, activités financières) représentent environ 40 % du PIB.

03 L'essor phénoménal des deux villes principales (Abu Dhabi et Dubaï) fait des EAU la plate-forme régionale pour les entreprises étrangères qui développent leurs activités au Moyen-Orient.
Les sept émirats ne sont pas économiquement égaux, mais le système de répartition fédéral permet d'assurer dans chacun d'eux les services de base (éducation, santé, infrastructures).

DUBAI

Cité phare des Émirats Arabes Unis et capitale de l'émirat du même nom, Dubaï est le centre névralgique de l'une des régions les plus riches du monde, s'imposant comme le premier port de la péninsule arabique devant la capitale fédérale Abu Dhabi. Située sur le golfe Persique et jouissant d'un rayonnement international grâce, entre autres, à son tourisme haut de gamme et ses réalisations architecturales grandioses, la ville la plus connue de la fédération compte plus d'un million d'habitants, et forme avec les villes de Charjah, Ajman et Oumm al Quwaïn, elles-mêmes capitales de leurs émirats respectifs.

Fondée au XVIIIe siècle, Dubaï ne fut longtemps qu'un bourg modeste, vivant essentiellement de la pêche aux perles jusqu'à la fin du XIXe siècle, avant de sortir de son isolement et de connaître un certain développement lié à sa participation à la création des États de la Trêve (Trucial States en anglais) en 1853.

Mangeant son pain noir pendant la période difficile de l'entre-deux-guerres, Dubaï a connu un essor fulgurant au cours de la deuxième moitié du XXe siècle, en entrant de plain-pied dans la modernité.

Son influence accrue et sa nouvelle prospérité en firent l'un des membres fondateurs de la fédération des Émirats arabes unis en 1971, la vice-présidence attribuée à l'émir de Dubaï étant la marque de reconnaissance de son extraordinaire expansion.

DANS L'INCONSCIENT COLLECTIF, DUBAÏ EST DÉSORMAIS SYNONYME DE PROJETS IMMOBILIERS GIGANTESQUES

Défiant l'imagination, les cimes et repoussant toujours plus loin les limites architecturales, à l'image de Palm Islands, la féérique presqu'île artificielle en forme de palmier, du très emblématique
Burj-Al-Arab, ce luxueux vaisseau hôtelier qui peut se targuer d'être le plus « étoilé » du monde, de la Dubaï Marina, à la fois originale et hors normes, sans oublier la tour de verre à couper le souffle, la célèbre et inégalée Burj Khalifa, qui tutoie la voûte céleste avec ses 828 mètres de hauteur.

Ces projets pharaoniques, pleinement assumés et revendiqués par l'émirat, sont présentés et promus comme étant un formidable tremplin pour faire de Dubaï, en l'espace de quelques années, la première destination mondiale du tourisme de luxe, et l'un des pôles majeurs du tourisme familial et d'affaires.
Dubaï est devenue en une décennie une plateforme commerciale incontournable.

Zone géographique à forte croissance avec une démographie en hausse constante. Vivier de nouvelles entreprises, accès à de nouveaux marchés (180 nationalités vivant sur place) Salons internationaux, Dubaï est la capitale du Moyen-Orient.

Dubaï est la capitale économique des Émirats Arabes Unis, l'un des pays les plus riches par habitant.
Sa politique, pro-entrepreneuriale et son système juridique simple, sans impôts et sans taxes (TVA très faible à 5%), attire de nombreux créateurs d'entreprises.
À voir si l'introduction de l'impôt sur les entreprises de 9% en juin 2023 y changeront quelques chose...

Abu Dhabi qui arrive en première position pour la cinquième année consécutive avec un indice de sécurité de 88,46 sur 100. La capitale des Émirats Arabes Unis devance Doha (Qatar), Taipei (Taïwan) et la ville de Québec (Canada).

À noter que l'on retrouve trois villes des Émirats Arabes Unis dans les dix premiers du classement, Charjah arrivant en 6e position et Dubaï en 7e place.

Aux Émirats Arabes Unis, vous serez certainement surpris par la dualité de la culture locale, attachée à ses origines tout en allant irrémédiablement vers l'avenir.
D'une manière générale, vous allez vite comprendre que pour un regard extérieur, ce pays représente avant tout la paix et l'ordre, la propreté et l'organisation.

Comme dans tout pays à la culture différente, veillez à respecter les mœurs locales afin de vous intégrer le plus facilement possible.
Les EAU proposent également une offre culturelle toujours plus variée.

Vivre aux Emirats Arabes Unis est une expérience qui peut grandement ouvrir votre horizon personnel et professionnel, car le pays accueille de nombreuses nationalités.

Vous serez donc amené à travailler et à vivre parmi des cultures totalement différentes, un challenge qui peut se révéler très enrichissant !

Cela demande néanmoins une certaine capacité d'adaptation, que vous obtiendrez certainement en faisant preuve d'ouverture d'esprit et de souplesse.

Les secteurs du bâtiment, des transports, de la haute technologie, de la finance ainsi que le développement du tourisme sont autant de nouveaux marchés qui se développent aux Émirats, attirant ainsi toutes sortes de profils.

Quels que soient votre secteur d'activité et votre niveau d'étude, sachez que la pratique de l'anglais est un indispensable.

Notez également que plusieurs centaines d'entreprises françaises sont implantées aux Émirats Arabes Unis dans des secteurs aussi variés que l'industrie du luxe, de l'agroalimentaire, l'ingénierie, l'énergie, des transports…

Autant d'opportunité pour vous de trouver un emploi où votre francophonie sera valorisée ! Vous pouvez également tenter de trouver un VIE auprès de ces sociétés.

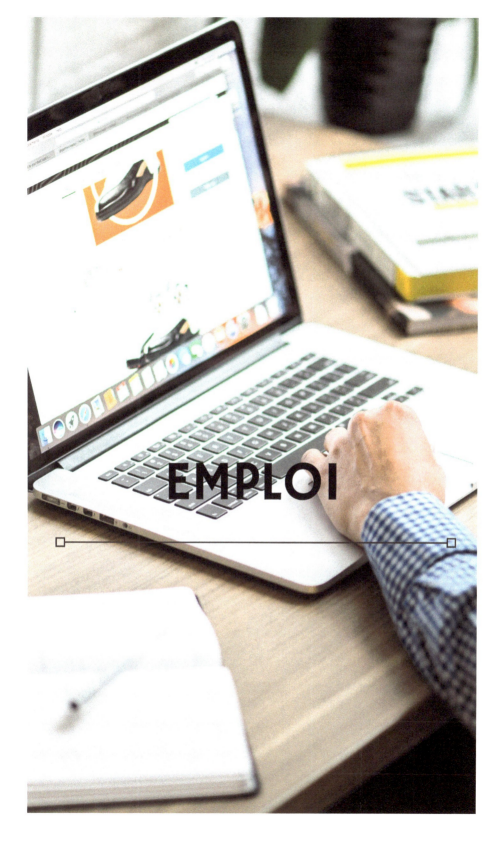

TROUVER UN TRAVAIL À DUBAÏ

LORS DE VOS RECHERCHES D'EMPLOI, IL EST CONSEILLÉ DE NE PAS DÉMARCHER LES SOCIÉTÉS PENDANT LE MOIS DU RAMADAN, PÉRIODE DURANT LAQUELLE LES HEURES DE TRAVAIL SONT RACCOURCIES ET LE PROCESSUS D'EMBAUCHE N'EST PAS LA PRIORITÉ DES ENTREPRISES.

La période décembre/janvier correspond aux congés d'hiver, où de nombreux expatriés rentrent dans leurs pays pour passer les fêtes de fin d'année en famille. Ici aussi, l'embauche passe au second plan.

La période estivale semble la plus propice à votre recherche d'emploi, car elle correspond à la saison des départs pour de nombreux expatriés, qui se calquent sur le calendrier scolaire. Pour travailler aux Emirats Arabes Unis, vous avez besoin d'un visa et d'un permis de travail.

Si vous avez trouvé un emploi aux Emirats Arabes Unis depuis l'étranger, vous aurez alors seulement besoin d'un passeport valide pour un minimum six mois au moment de l'entrée sur le territoire et de photographies couleur récentes.

Ce sera ensuite à votre entreprise de s'occuper de la procédure et de tous les frais relatifs à l'obtention de votre permis de travail. Attention aux arnaques ne jamais avancé les frais pour payer votre visa , votre entreprise ne vous le demandera pas ce genre de choses.

Pensez à faire valider vos diplomes avant de partir.

Si vous souhaitez effectuer vos recherches d'emploi sur place, c'est également possible en arrivant avec un visa de tourisme dans un premier temps. Les personnes de nationalités française ou européenne n'ont pas besoin de faire de demande de visa en amont, et recevront directement un visa valable 90 jours à l'arrivée.

Une fois sur place, vous pourrez alors obtenir un permis de travail si la société souhaitant vous engager vous sponsorise, en suivant la procédure expliquée précédemment. Il sera alors possible de demander une modification de votre visa touristique en permis de travail sans quitter les Émirats.

La démarche est par ailleurs possible en sortant et entrant à nouveau dans le pays.

En attendant d'avoir votre visa de travail et donc votre Emirates ID (pièce d'identité du pays), Lors de la réception de celle-ci, vous pourrez enfin souscrire à internet, loué un appartement, avoir un abonnement de téléphone.....

Attention, il est bon de noter que les personnes porteuses de maladies sexuellement transmissibles ne sont pas éligibles à l'obtention d'un permis de travail aux Émirats Arabes Unis.

Une fois installé aux Émirats Arabes Unis, nous vous conseillons de vous inscrire au Consulat, ce qui vous permettra d'être enregistré comme Français de l'Étranger (et de voter depuis l'étranger, par exemple).

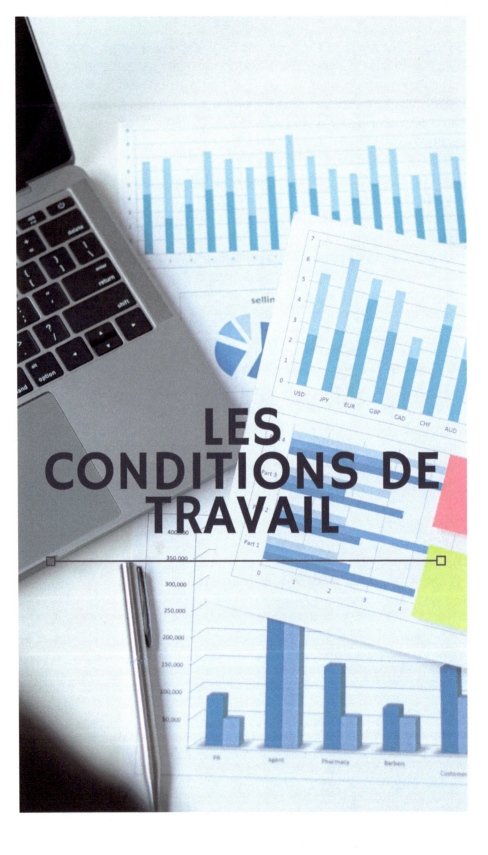

LES CONDITIONS DU TRAVAIL AUX EMIRATS ARABES UNIS

En venant travailler à Dubai, vous allez être confronté à un environnement international. Mais si vous maîtrisez l'anglais, vous constaterez vite que cette expérience est enrichissante car vous allez côtoyer non seulement des Européens, mais aussi des Libanais, des Égyptiens, des Indiens, des Philippins…
D'autre part, nous assistons depuis quelques années à une « émiratisation » du travail. Le gouvernement souhaite promouvoir l'emploi des locaux et de nouvelles règles en matière d'emploi pourraient voir le jour dans les prochaines années.

– Horaires et congés payés
Oubliez les 35 heures et les RTT à Dubai ! Vous constaterez rapidement que les journées sont longues et denses. Il n'est pas rare de travailler 6 jours sur 7 dans certaines professions ou de sillonner sans cesse le Moyen-Orient, l'Afrique ou l'Eurasie pour des raisons professionnelles.
En ce qui concerne les congés payés, si vous êtes en contrat local, vous aurez le droit entre 22 et 23 jours par an, ainsi qu'environ 10 jours fériés correspondant aux fêtes islamiques et nationales.
Enfin, durant le mois du Ramadan, les horaires de travail sont allégés pour tous les salariés des entreprises.

– Sécurité de l'emploi
Votre période d'essai sera généralement de 3 mois et renouvelable une fois. En ce qui concerne le préavis, la durée peut s'étendre entre un et trois mois. À noter que ces durées peuvent varier d'une société à l'autre. Mais attention, le droit du travail aux Émirats protège moins les salariés qu'en France. Les licenciements sont plus rapides et votre visa est lié à votre travail. En cas de rupture de votre contrat, vous n'aurez qu'un mois pour quitter le territoire des Émirats si vous n'avez pas retrouvé un autre emploi.

Pour toute question concernant votre contrat de travail, période d'essai, préavis, recours…, vous pouvez consulter le portail du gouvernement.

Les Émirats arabes unis ont une économie ouverte avec un revenu par habitant élevé et un excédent commercial annuel. Leur richesse repose en grande partie sur les matières premières dont ils regorgent, le pétrole et le gaz (environ 30% du PIB).
Depuis la découverte du pétrole, il y a plus de 30 ans, cette manne financière a permis aux Émirats de se transformer en profondeur, passant d'un désert à un état moderne au haut niveau de vie.
Les efforts du gouvernement se sont concentrés sur la création d'emplois, l'expansion des infrastructures, mais également sur l'ouverture de ses services publics afin de favoriser une plus grande implication du secteur privé.

Les Emirats Arabes Unis possèdent et offrent aux investisseurs tous les avantages d'une économie hautement développée.
Les infrastructures (aéroports, routes, hôtels…) et les services (banque, réseaux de télécommunications…) répondent aux plus hauts standards internationaux, facilitant ainsi l'efficacité, la qualité et le service.

Entre autres, le milieu des affaires bénéficie des avantages suivants :
- Une infrastructure de transport de pointe
- La libre entreprise
- Réseaux de télécommunications excellents, éléctricité, eau …
- Centre des expositions pour accueillir les grandes foires internationales, congrès et conférences
- Un impressionnant parc de bureaux d'entreprises impressionnant
- Développement d'un immobilier résidentiel de qualité
- Hôtels, écoles, parcs publics, hôpitaux, magasins et centres commerciaux …

LE DROIT DU TRAVAIL AUX ÉMIRATS ARABES UNIS

Administré par le ministère fédéral des Affaires Sociales et du Travail, le droit du travail est essentiellement basé sur le modèle de l'Organisation Internationale du Travail.

La loi n°8 adoptée par les Emirats Arabes Unis en 1980, et amendée par la loi n°12 de 1986 (la loi sur le travail), régit la plupart des aspects de la relation employeur / employé (les heures de travail, congés, droits de résiliation, les avantages médicaux,...).

Le droit du travail est généralement protecteur des salariés et l'emporte sur les dispositions contractuelles qui auraient été conclues dans une autre juridiction, sauf si ces dernières sont bénéfiques pour l'employé.

Le ministère publie un modèle de contrat de travail en arabe qui est largement utilisé, mais d'autres formes de contrat peuvent être prévues, à condition qu'elles respectent la législation du travail en vigueur.

La prime de fin de contrat est équivalente à 21 jours de salaire pour chacune des cinq premières années de service et à 30 jours pour les suivantes. Au total, elle ne doit pas excéder deux ans de salaire.

Aux Emirats, les syndicats n'existent pas et les grèves sont formellement interdites. Dans le cas d'un différend entre employeur et employé, ou d'un litige lié à l'interprétation du code du travail, le ministère des Affaires Sociales et du Travail sera le premier saisi du contentieux. Si une partie souhaite faire appel d'une décision du ministère, elle pourra plaider sa cause devant les tribunaux.

La durée légale du travail est de huit heures par jour ou 48 heures par semaine. Cependant, pour les secteurs tels que le commerce de détail, les hôtels, les restaurants, le temps de travail peut atteindre neuf heures.
Pour les emplois pénibles et dangereux, le temps de travail peut être réduit.
Pour de nombreuses entreprises, le travail quotidien se scinde en 2 périodes : de 8 heures à 13 heures et de 16 heures à 19 heures.

Le repos hebdomadaire est depuis peu le samedi , voir le samedi et dimanche pour certain .Dans la pratique, les entreprises commerciales travaillent 40 à 45 heures par semaine .
Pendant le mois saint musulman du Ramadan, les heures normales de travail sont réduites de deux heures par jour.
On compte 10 jours fériés (payés) par an, entre les différentes fêtes musulmanes, chrétiennes…
A partir de 6 mois d'ancienneté dans l'entreprise et jusqu'à la fin de la première année, un employé bénéficie de 2 jours de congés par mois. Ensuite, pour chaque année accomplie, il a droit à 30 jours de congés annuels payés. Ceci en plus des jours fériés, des congés de maternité pour les femmes, et autres congés maladie.

VOTRE CONTRAT DE TRAVAIL :

Lorsqu'on est embauché par une entreprise à Dubaï, on bénéficie généralement d'un package, que l'on soit en contrat local, ou contrat expatrié. Ce qu'il contient dépendra de votre poste et du domaine dans lequel vous travaillez

. Voici quelques uns des avantages ou « allowances » que vous pouvez négocier :
 – votre billet d'avion et celui de votre famille (un aller-retour par an dans votre pays d'origine)
 – votre loyer (ou une partie)
 – votre forfait téléphone pro et/ou votre forfait Internet- vos frais de déplacements
 – vos frais de déménagement ou une allowance pour équiper votre logement
 – les frais de scolarité des enfants etc.
 N'hésitez pas à vous renseigner autour de vous… et préparez-vous à négocier !

Aux Emirats Arabes Unis, le contrat de travail pour les expatriés regroupe salaire et de nombreux avantages dont nous n'avons pas l'habitude en Europe .

En effet, il est courant que l'entreprise dans laquelle vous travaillez prenne en charge intégralement ou en partie votre logement, avec la prise en charge d'un A/R dans votre pays d'origine pour vous et votre famille, les frais de scolarité de vos enfants ou encore vos frais de déménagement.

Tout cela doit être négocié au moment de la signature de votre contrat de travail.

L'emploi aux Emirats Arabes Unis est régi par un code du travail beaucoup moins rigide qu'en France, qui facilite grandement l'embauche, mais également le licenciement (pas de préavis requis).

Par conséquent, il n'est pas rare de changer plusieurs souvent d'employeur. Il n'existe pas de salaire minimum, et la durée légale de travail est de 48 heures par semaine.

 Côté vacances, vous bénéficiez de 30 jours de congés annuels. Aux Émirats Arabes Unis, Depuis 2022 la législation a changé , avant le vendredi était le seul jour chômé de la semaine, maintenant le samedi et le dimanche sont le weekend comme en Europe, le lundi est donc considéré comme le premier jour de la semaine.

Dans le cas d'une rupture de contrat de travail unilatérale, il pourra alors enregistrer votre passeport auprès du service de l'immigration, ce qui entraîne une interdiction temporaire de séjour dans le pays. Soyez donc vigilant et respectueux des démarches dans le cas où vous souhaitez quitter votre emploi !

TROUVER UN EMPLOI À DUBAI

1. LES PROFILS RECHERCHÉS À DUBAI

Avec un marché de l'emploi post Covid-19, certaines fonctions sont plus porteuses que d'autres.

En premier lieu, les experts en transformation digitale, que ce soit dans le secteur public ou privé, sont recherchés par les entreprises pour intégrer l'ensemble des technologies digitales à leur activité.

De nombreuses fonctions supports sont également plébiscitées afin de garantir au mieux la rentabilité de l'entreprise, tout en ayant une activité juridiquement et financièrement irréprochable.

Ainsi, l'ensemble des métiers autour de la compliance (legal compliance), le cost management, les conseillers fiscaux (tax advisory) ou encore les analystes (data scientist) sont en vogue.

À noter enfin que les entreprises privilégient les profils déjà installés aux Émirats avec une bonne connaissance du marché du Golfe et un relativement bon niveau d'études.

Bien entendu, une bonne maîtrise de l'anglais, qui reste la langue de référence dans le monde du travail, est requis.

L'arabe litteraire (et non les dialectes du magrehb), peut être un atout supplémentaire sur votre CV, mais n'est en aucun cas indispensable.

2. COMMENT CHERCHER DU TRAVAIL À DUBAI ?

Avant d'entrer dans la phase de recherche active, nous vous conseillons de prendre le temps de bien préparer vos démarches.

Ne vous précipitez pas, cette étape est essentielle si vous voulez que votre profil attire l'attention des recruteurs.

– Dois-je chercher du travail depuis l'étranger ou m'installer à Dubai ?

La grande question que tout le monde se pose est de savoir si l'on doit s'installer à Dubai pour mener à bien sa recherche d'emploi. Il est important de savoir que vous avez le droit de rester avec un visa touristique sur le territoire des Émirats pendant 90 jours seulement. De plus, le coût de la vie à Dubai étant élevé, il vous faudra prévoir un budget assez conséquent pour pouvoir vivre sur place.

Nous vous recommandons donc de ne pas venir à Dubai avant le début des premiers entretiens, car vous risquez de devoir quitter le territoire au moment de la concrétisation des premières pistes.

De plus, il est courant que, pour des postes de management, l'entreprise intéressée prenne en – La période de recherche d'emploi à Dubai charge le coût de votre déplacement. Comme partout dans le monde, la période la plus favorable pour chercher du travail à Dubai se situe entre septembre et avril.

Les mois de juillet et août sont moins propices car c'est la période des congés d'été et de nombreuses personnes décisionnaires dans le processus de recrutement risquent d'être absentes durant cette période.

De même, durant le mois du Ramadan, les journées de travail dans les entreprises sont réduites et par conséquent, le temps de recrutement risque de s'allonger.

À noter également que les mois de décembre et janvier ne sont pas non plus les favorables à cause des fêtes de fin d'année et des validations de budgets. Ceci étant dit, il suffit d'une seule opportunité qui peut se présenter à tout moment de l'année. Ne vous découragez donc pas si votre recherche a lieu pendant les mois plus creux !

2. LE CV AU FORMAT ANGLO-SAXON

À Dubaï, vous allez être confronté à une concurrence au niveau international avec des profils hautement qualifiés et/ou qui sont prêts à travailler pour un salaire inférieur. Attention, il ne s'agit pas seulement de traduire votre CV du français vers l'anglais, vous devez également le transformer au format anglo-saxon. De nombreux tutoriels sont disponibles.

Une fois votre CV prêt, nous vous recommandons de bien mettre à jour votre profil sur LinkedIn, car de plus en plus de recruteurs et de chasseurs de tête ont recours à ce canal pour trouver le candidat qu'ils recherchent, surtout ici à Dubaï.

Il est primordial d'employer les conventions adéquates pour la rédaction de votre CV, afin de paraître crédible aux yeux des recruteurs. Ceci montre pareillement que vous savez vous adapter et vous conformer à certains protocoles.

De plus, même en France, les recruteurs sont attentifs au standard de CV Anglais et ceux-ci sont pris en considération. Donc, une fois que vous aurez réalisé votre CV à la façon Anglo-Saxonne, celui-ci sera plus ou moins universel et pourra également être envoyé à des entreprises françaises, dans sa forme.

FAIRE SON CV

VOICI LES TROIS POINTS PRINCIPAUX SUR LESQUELS IL FAUT ÊTRE ATTENTIF :

1. N'insérez pas d'informations privées
Les informations de votre état civil (ou personal details) doivent juste se résumer à vos nom, prénom, adresses e-mail et postale et coordonnées téléphoniques. Pas plus!
Vous ne devez pas mettre votre age, votre sexe, si vous êtes en couple, ni de photo.

2. Montrez ou vous voulez aller et vendez vous
Il est important de mentionner « References available upon request » quelque part dans votre CV.
Vous devez donc pouvoir leur fournir quelques contacts qui pourront donner des informations gratifiantes sur vous !
Indiquez vos objectifs professionnels en introduction au CV, dans la catégorie « career objectives ». Cette partie devra pour ou moins être rédigée à l'aide de phrases synthétiques. Vous devrez y placer quelques éléments clés de votre parcours et donner quelques éléments sur ce à quoi vous aspirez.

3. Prenez garde aux traductions mot à mot et aux termes employés
Concernant les diplômes, l'équivalent du BAC se dit « High School Diploma » (attention Hight school veut dire Lycée !). Des qualifications de type BTS, DUT, ont peu de chances d'être connues des recruteurs, préférez donc des termes anglo-saxon en utilisant soit "A two years Undergraduate Degree" ou bien "A professional Diploma of Higher Education".

Renseignez vous selon le pays, sur les diplômes existants pour faire vos propres équivalences, les formations courtes existent partout. Vous devrez aussi expliquer un peu de quoi il s'agit en indiquant « Training » si il s'agit de formation continue.

Pour ce qui est du système LMD : Licence (« Three years university Diploma in science, management, etc. » similaire au "Bachelor"), Master (« Master's degree »).

Attention, un master en Angleterre équivaut à un bac+4, bien que certaines formations se fassent en deux ans. Dans le cas où vous auriez une mention, n'hésitez pas à le préciser via la mention "With Honours".

Pour indiquez votre niveau en langues (rubrique « Languages »), utilisez les termes : « basic » ou « conversational » (les bases), « working knowledge of » (pratique professionnelle), « fluent » (courant), « bilingual » (bilingue).

Si vous avez effectué des voyages tels qu'un séjour linguistique aux USA, n'hésitez pas à le mentionner pour justifier votre niveau de connaissance. Les tests de type TOEIC ou TOEFL sont aussi recommandés pour prouver votre niveau d'anglais, que se soit dans un pays anglo-saxon ou en France.

Quelles sont les particularités du CV en anglais ?

Le CV en anglais est différent du CV français. Il est nécessaire de suivre les règles de mise en forme pour correspondre aux attentes des employeurs du pays.

Retrouvez ci-dessous les particularités du CV en anglais :
- Nombre de pages : le cv en anglais doit se contenir sur une à deux pages maximum. Il est courant de dépasser une page.
- Photo : le cv en anglais n'est pas forcément accompagné d'une photo. Celle-ci reste optionnelle. « Mettez là si vous vous sentez à l'aise . Tout dépend aussi du poste visé. « En marketing, la photo est conseillée car vous devez vous mettre en valeur. Et c'est un bon moyen pour le recruteur de se rappeler de vous » explique-t-il.

- Niveau d'anglais : l'anglais de votre CV doit être irréprochable, et il est important de veiller à ne pas mélanger l'anglais britannique de l'anglais américain.

Pour faire un CV en anglais, il faut veiller à ne pas faire une simple traduction du CV en français. Autrement « vous risquerez de faire des fautes et même d'oublier de traduire des mots. Il faut presque partir d'une page blanche ..

Comment structurer un CV en anglais ?

Tout comme le CV en français, le CV en anglais se décompose en différentes parties : présentation, expériences professionnelles, formations, loisirs, compétences...
Retrouvez ci-dessous nos conseils pour structurer les 8 parties du CV en anglais.

1. Personal Details (État Civil)
Située en haut du CV, la rubrique personal details, ou état civil en français, contient les informations concernant le postulant.
Il faut y renseigner son prénom et son nom, son adresse ou ville de résidence (Home address), son numéro de téléphone, sa nationalité.

2. Career Objective (Objectif professionnel)
Comme en France, la rubrique career objective, objectif professionnel en français, permet de valoriser les éléments clés de votre CV.
Située en haut, juste après l'État Civil, cette indication est généralement encadrée : vous indiquez votre projet professionnel et/ou le type de poste et responsabilités que vous souhaitez occuper.
Elle peut aussi s'intituler Professional Objective.

3. Education (Formation initiale)
Dans la rubrique Education, formation initiale en français, il ne faut mentionner que les diplômes obtenus après le baccalauréat, dans l'ordre anti-chronologique en faisant bien attention à leur traduction. En effet, les systèmes éducatifs français et anglo-saxons n'ont pas toujours d'équivalence.

Retrouvez ci-dessous la traduction des diplômes français en anglais :

- Doctorat : Ph.D
- DEA : Postgraduate degree (1 year) following my master
- Maîtrise : Master's Degree
- Licence : Bachelor's Degree
- DEUG de science : Two-year university degree in science
- BTS : two-year technical degree
- Exemple du diplôme d'HEC : HEC diploma (Top french business school). Attention, le terme Grande École ne se traduit pas par High School puisqu'il s'agit du lycée. Employez l'expression Top school.
- Prépa : two-year intensive program preparing for the national competitive exam for entry to business schools/engineering schools…
- Baccalauréat : High School Diploma ou A-level

À noter : il est recommandé de fournir une information détaillée sur les études suivies : matières, résultats obtenus.

4. Training (**Formation continue**)

Il s'agit des formations suivies dans le cadre de votre activité professionnelle. Ne signalez que les plus significatives en durée. Cette rubrique peut aussi s'intituler Courses.

5. Special Skills (**Compétences particulières**)

À moins d'être significatives pour le poste, les compétences sont généralement mentionnées à l'intérieur de la rubrique Education ou dans la rubrique Work Experience.

Cette rubrique doit mentionner les compétences en langues étrangères et informatique.

Dans cette partie, n'en dites trop pour éviter les redondances. Détaillez davantage la rubrique Expérience professionnelle .

Notre conseil :
Concernant le niveau de langue sur votre CV en anglais, ne soyez pas trop ambitieux. Le recruteur risque de s'en apercevoir si votre CV comporte des fautes. Par exemple « sachez que bilingue en anglais implique de parler la langue presque comme un natif. Si ce n'est pas le cas, indiquez que votre niveau est courant .

À côté de votre niveau en langue, vous pouvez aussi préciser la durée des séjours effectués dans le pays. « Une bonne manière d'avoir un sujet de conversation avec votre recruteur si vous avez déjà visité son pays. Et puis cela prouve que ce pays vous plaît d'une certaine manière.

6. Work experience (Expérience professionnelle)
La rubrique work experience, ou expérience professionnelle en français, du CV en anglais est la plus importante du CV, selon Coralie Girard-Claudon d'Approach People.
Comme en France, il s'agit de distinguer les stages formateurs (training period ou intership) des autres expériences professionnelles que vous présenterez en commençant par le dernier poste occupé.
Pour chacune de vos expériences, pensez que le recruteur ne connaît pas forcément l'entreprise que vous citez. Il est donc utile de préciser son activité et d'évaluer sa performance, par exemple en parlant de ses réalisations (achievements) ou en chiffrant ses objectifs atteints (target).

Pour cela, il est recommandé d'utiliser des verbes d'actions au prétérit. « Les anglo-saxons préfèrent qu'on leur donne des détails. Donc privilégiez la rédaction et non les tirets .

Par contre, les recruteurs anglais n'aiment pas les trous inexpliqués. Il est préférable de donner clairement les raisons du changement de situation.

7. Miscellaneous (**Divers**)

Dans la rubrique miscellaneous, ou divers en français, du CV en anglais, sont généralement présentées toutes les activités extra-professionnelles, les centres d'intérêt (hobbies), la détention de permis de conduire.
En d'autres termes, ne dévoilez pas des hobbies loufoques. Réservez-les pour l'entretien si le courant passe bien avec le recruteur.

8. References (**Références**)

Rubrique inhabituelle en France, la partie references (références en français) est indispensable dans les pays anglo-saxons où les recruteurs souhaitent pouvoir vérifier les expériences décrites. Pour cela, il est traditionnellement nécessaire de fournir deux noms de personnes pouvant vous recommander (un professeur et un ancien employeur par exemple), avec leurs coordonnées. Pensez à les prévenir d'un éventuel appel.

Quelles sont les fautes à ne pas faire ?

Il existe de nombreux faux amis à connaître pour les intitulés de poste, notamment pour les commerciaux et les comptables. Retrouvez ci-dessous une liste des faux amis qu'il faut veiller à bien utiliser dans le CV en anglais :

- Un commercial sédentaire : Inside sale ,
- Un chargé de clientèle : customer service representative / account manager/ account executive
- Un comptable : accountant
- Un fournisseur comptable : account payable
- Un comptable client : account receivable
- Un assistant de direction : personnal assistant
- Un poste : a position
- Un objectif : a target
- Entreprise : compagny
- Salaire : fix salary
- Lettre de motivation : cover letter
- Entretien d'embauche : job interview
- Collaborateur : colleague/co-worker

LES OFFRES D'EMPLOI À DUBAI

— LES OFFRES D'EMPLOI À DUBAI

Comme en France, vous trouverez les offres d'emploi sur Dubai sur les sites de recherche d'emploi classiques, sur la partie offre de LinkedIn ainsi que directement sur le site des marques/groupes dans la section recrutement « Careers ».

Voici une liste non-exhaustive des sites ou portails qui pourront faciliter vos recherches :

— Monster ; Bayt ; Gulftalent ; Naukrigulf ; Glassdoor ; Fresh Gulf Job ; BAC Middle East ; Nadia ; Dubai Careers. À noter que ce dernier est payant.

Le site de la CCI FRANCE UAE propose aussi une rubrique Emploi avec des offres. Vous avez également l'option de déposer votre CV dans l'espace Candidat. Une sélection de CV est envoyée trimestriellement sous forme de mini CV à près de 1000 membres décideurs (recruteurs, DRH, GM…) en généra l intéressés par des profils francophones.

Si vous êtes étudiants ou jeunes diplômés, vous pouvez également vous appuyer sur la plateforme Oliv pour postuler à des offres de stage ou à des premiers emplois. Le principe est simple, une fois votre profil créé, Oliv vous mettra en relation avec les entreprises qui recherchent des candidats en adéquation avec vos compétences et centres d'intérêt. En parallèle, vous avez la possibilité de répondre aux offres d'emploi disponibles sur le site.

Comme en France, vous trouverez les offres d'emploi sur Dubai sur les sites de recherche d'emploi classiques, sur la partie offre de LinkedIn ainsi que directement sur le site des marques/groupes dans la section recrutement « Careers ».

Voici une liste non-exhaustive des sites ou portails qui pourront faciliter vos recherches :
– Monster ; Bayt ; Gulftalent ; Naukrigulf ; Glassdoor ; Fresh Gulf Job ; BAC Middle East ; Nadia ; Dubai Careers. À noter que ce dernier est payant.

Le site de la CCI FRANCE UAE propose aussi une rubrique Emploi avec des offres. Vous avez également l'option de déposer votre CV dans l'espace Candidat. Une sélection de CV est envoyée trimestriellement sous forme de mini CV à près de 1000 membres décideurs (recruteurs, DRH, GM…) en général intéressés par des profils francophones.

Si vous êtes étudiants ou jeunes diplômés, vous pouvez pareillement vous appuyer sur la plateforme Oliv pour postuler à des offres de stage ou à des premiers emplois. Le principe est simple, une fois votre profil créé, Oliv vous mettra en relation avec les entreprises qui recherchent des candidats en adéquation avec vos compétences et centres d'intérêt. En parallèle, vous avez la possibilité de répondre aux offres d'emploi disponibles sur le site.

– Le réseau / networking, Comme dans toute recherche d'emploi, la qualité de votre réseau est un atout primordial et Dubai ne déroge pas à la règle.

Si vous avez fait des études supérieures, nous vous recommandons d'adhérer au réseau Alumni de votre école et vu le nombre de résidents français à Dubai, vous pourrez certainement vous mettre en relation avec un ou plusieurs anciens élèves de votre école.

Cela vous permettra d'avoir des informations plus précises quant au marché de l'emploi dans votre domaine ou dans un secteur donné.

Des soirées Alumni sont régulièrement organisées par certains anciens.

De même, si vous êtes un ancien V.I.E., il existe un club des V.I.E Emirats Arabe Unis et les 200 membres se réunissent de temps en temps lors d'événements et notamment lors du Gala des V.I.E.

La CCI FRANCE UAE organise, quant à elle, tous les premiers mardis de chaque mois, le French Tuesday, qui permet de rencontrer des contacts clés de la communauté française d'affaires de Dubai.

Enfin, si vous êtes déjà sur place au moment de votre recherche d'emploi, n'hésitez pas à assister aux différents salons ou événements en relation avec votre secteur d'activité : des forums ou conférences thématiques sont organisés tout au long de l'année par le FBC.

Déplacez-vous aussi sur les différents salons qui ont lieu au World Trade Center.

À noter que si vous êtes une femme, il existe des réseaux dédiés au networking et à la recherche d'emploi, tels que le Dubai Business Women Council.

– Les espaces de co-working à Dubai
Si vous avez besoin de vous isoler pendant vos heures de recherche d'emploi, il existe à Dubai de nombreux espaces de co-working. Découvrez également Letswork
plus grand réseau d'espaces de coworking aux Émirats

LES TYPES DE CONTRATS À DUBAI

Le contrat d'expatriation ou celui de détachement sont de plus en plus rares.

De plus en plus d'expatriés s'installent à Dubaï avec un contrat local, c'est à dire qu'ils ne bénéficient plus de la protection sociale française et sont soumis à la législation du pays. Les entreprises peuvent proposer deux types de contrat local qui sont bien moins protecteurs pour le salarié qu'en France.

« L'unlimited contract » qui est un contrat à durée indéterminée et le « short term contract » qui est une sorte de CDD mais ce dernier pourra être renouvelé autant de fois que nécessaire.

Les lois évoluant constamment aux Émirats, nous vous invitons à consulter le site Internet du Ministry of Human Ressources and Emiratisation. Le gouvernement de Dubai vient notamment de voter une nouvelle loi applicable dès le 28 août prochain pour le quartier de DIFC, qui vise à une amélioration du droit du travail dans ce quartier (congés paternité de 5 jours, sanction en cas de discrimination…).

Au-delà du contrat local, les plus jeunes souhaitant venir travailler à Dubai peuvent le faire via deux formules. Certaines entreprises françaises proposent des stages de quelques mois pour venir travailler à Dubai.
Il n'existe pas aux Émirats à proprement parler de « stage », la convention de stage sera donc établie entre l'étudiant et l'entreprise basée en France.
Une autre formule très intéressante pour une première expérience professionnelle est le V.I.E. , car c'est souvent un bon tremplin pour faire ses preuves et être embauché par la suite dans l'entreprise.

Les salaires à Dubai sont globalement plus importants et intéressants qu'en Europe et il n'y a pas d'impôts sur le revenu (pour le moment…).

Mais attention, les Émirats ne sont pas pour autant un eldorado. On assiste depuis quelques années au départ volontaire de certains expatriés dont les salaires ne sont pas suffisants pour pallier les dépenses quotidiennes.

Le coût de la vie à Dubai est élevé et les dépenses peuvent sembler sans fin, notamment pour les familles avec des frais de scolarité conséquents.

LES SALAIRES ET ALLOWANCES

Comme évoqué plus haut, les salaires sont supérieurs à ceux offerts en France à poste équivalent. Pour la majorité des expatriés sous contrat local, le « basic » représente environ 60 % et les « allowances » ou avantages (en général le logement et le transport) environ 40 % du salaire. Mais cette répartition peut être variable en fonction des entreprises et des règles qui s'appliquent dans la zone où elles sont localisées.

Certains autres avantages, comme les frais de scolarité par exemple, peuvent être pris en charge parfois en totalité, mais le plus souvent en partie, par l'employeur et seulement à partir d'un certain niveau de responsabilité.
L'entreprise a pour seule obligation de payer à son employé son visa, son assurance médicale et un billet d'avion aller/retour tous les deux ans, même si dans la pratique ce dernier est souvent offert tous les ans.

Néamoins, il faut savoir que les salaires proposés pour les postes de non cadre sont actuellement tirés vers le bas à cause de la concurrence de certaines nationalités qui sont prêtes à travailler pour une rémunération plus faible.

 Enfin, pour vous donner une idée plus précise des rémunérations par poste à Dubaï, vous pouvez consulter les grilles de salaire éditées chaque année par les grandes sociétés de conseil en recrutement :
 Salary guide de Charter House ; Robert Half ou encore Cooper Fitch.

QUEL BUDGET APPROXIMATIF À PRÉVOIR POUR SA RECHERCHE D'EMPLOI PENDANT 3 MOIS À DUBAI

ESTIMATION POUR UNE PERSONNE SEULE

LE LOGEMENT

À noter que les prix évoluent en fonction de la saison touristique : haute saison (oct-avril) et basse saison (mai-sept).
Sachez que sans Id, vous ne pourrez pas louer légalement d'appartement il faudra prendre des locations au mois, ou bien type appart hotel le temps de trouver un contrat ou bien d'ouvrir sa société et d'obtenir son visa de résidence aux UAE.

- Location d'appartement : Privilégier les quartiers légèrement excentrés à loyers plus modérés tels que JVC, Townsquare, damac hills 2, IMPZ, Sport City, Motor City...
- Possibilité de régler son logement au mois : pour un studio meublé compter entre 4500 AED/mois et 6500 AED/mois selon les quartiers.
- Voir des exemples d'annonces « short term » sur Dubizzle.ae ou bien bayut ou propertyfinder (le leboncoin local).
- En AirBnB : location d'une chambre individuelle dans une maison ou appartement, à partir de 4500 AED/mois.
- En appart hôtel :– Quartier de Dubai Marina : à partir de 8000 AED/mois – Quartier de Al Barsha : à partir de 6000 AED/mois – Quartier de IMPZ : à partir de 7400 AED/mois.

• LE TRANSPORT

Location de voiture : à partir de 1300 AED/mois.
Péage SALIK : 100-150 AED/mois
Essence : compter entre 90 et 400 AED pour un plein selon le modèle du véhicule. Les taxis ou Uber sont également un bon moyen de transport à moindre coûts.

A titre indicatif, une course de Dubai Marina à l'aéroport DXB coute entre 90 et 120 AED.
Métro/bus : il existe des pass 7 jours / 30 jours / 90 jours. Pour un pass de 90 jours – Zone 1 : 330 AED – Zone 1 et 2 : 550 AED – Zone 1, 2 et 3 : 830 AED.

• LES COURSES ALIMENTAIRES
Prévoir un budget entre 1000 et 1500 AED/mois, Nous vous conseillons des enseignes comme LULU, Viva, Union coop …
• LES SORTIES / RESTAURANTS
Tout dépend de votre mode de vie !
 Vous trouverez autant des food court à 50aed par personne comme des restaurants fine dining à plus de 400aed par personne !

• TELECOMUNICATIONS
Sachez que pareil tant que vous n'avez pas votre visa de résidence et votre ID vous ne pourrez pas avoir de contrat à l'année il faudra vous contenter des offres touristes.
Vous ne trouverez pas de forfait intéressant à 9 euros par mois tout compris comme c'est le cas en France !
 Sans visa de résidence, il n'est pas toujours possible de prendre tous les forfaits proposés par les principaux opérateurs.
 Voici leurs options en forfait prépayé ou pour les touristes : – Du – Etisalat – Virgin
 Sachez aussi que depuis mi-juin 2019, le gouvernement a décidé de donner gratuitement à l'arrivée à l'aéroport une carte SIM avec 30 minutes de communication et 20mb de data valable 1 mois aux personnes entrant avec un visa touristique.

CONCLUSION : au global prévoir environ 10 000 AED/mois à + ou – 2000 AED en fonction des options de logement/transport choisies et de votre mode de vie.

CREER SA SOCIÉTÉ A DUBAI

QUEL INTÉRÊT DE CRÉER UNE SOCIÉTÉ À DUBAÏ ?

Une entreprise française peut créer sa société à Dubai et cela est relativement facile. Le choix de l'emplacement reste cependant primordial. En effet, Dubai possède de nombreuses zones franches regroupées par « secteur d'activités », elles ont été créées afin de dynamiser les échanges commerciaux. Les zones franches de Dubai sont modernes et possèdent toutes les infrastructures nécessaires à la réussite d'un projet d'internationalisation.

Ces zones sans contrainte attirent de plus en plus d'entreprises qui veulent se positionner sur la zone Middle-East comme l'un des hub mondial redistribuant tout le Moyen Orient et l'Asie c'est-à-dire toucher près de 2 milliards d'habitants. Quelle aubaine pour les entreprises françaises dont les produits sont plus qu'attendus !

Qu'est-ce qu'une zone franche à Dubai ?
Une zone franche est une zone géographique possédant des avantages fiscaux afin d'attirer l'investissement et le développement de l'activité économique. Au sein des zones franches, les règles évoluent par rapport aux règles prescrites dans le pays.

Le réel avantage pour une entreprise française d'être au sein d'une zone franche est la détention à 100% de son capital. Sur le territoire des Emirats Arabes Unis, hors zones franches, les entreprises étrangères ne détiennent que 49% au maximum du capital. Les 51 % restants sont détenus par un ou plusieurs ressortissants des Emirats.

De plus, les zones franches offrent un cadre exceptionnel dépourvu de contrainte. En plus d'un climat agréable toute l'année, il y a une économie en perpétuelle croissance, des infrastructures modernes, réseau routier neuf… Ce sont typiquement des facilités pour y développer son activité économique et commerciale. Elles ne sont pas négligeables et poussent de nombreuses entreprises françaises à venir s'y installer chaque année.

Qu'attend-on des entreprises françaises ?
Les secteurs porteurs traditionnels sont orientés vers les produits de luxe, l'alimentaire (les Émirats importent 95% de leurs besoins alimentaires faute de production locale), le pharmaceutique et le bien-être. Un savoir-faire spécifique ou une expertise particulière est vivement recommandé sous peine d'être mis en concurrence avec des pays à production « low Cost ».

D'autres secteurs peuvent être favorables aux développements des entreprises françaises à Dubaï, comme la finance, le secteur du nautisme, les équipements destinés à la santé, le second œuvre dans la construction, les technologies de l'information, sans oublier le tourisme, cheval de bataille des Emirats.
Dubaï devient une place majeure en termes de tourisme, de nombre d'hôtels, de foires et salons, sans compter l'Exposition Universelle de 2020, c'est-à-dire dans 6 ans.

Les avantages d'une zone franche à Dubaï
Créer sa société en zone franche à Dubaï offre de nombreux avantages :
- Vous possédez 100% du capital de votre entreprise
- Vous pouvez rapatrier 100% du capital et des bénéfices (il existe conventions fiscales entre la France et les EAU qui dispensent la double imposition.)
- Aucun impôt local sur les sociétés et sur le revenu
- Pas de barrières commerciales, ni quotas
- Les procédures d'importation et d'exportation sont simples
- Pas de restriction sur l'embauche des expatriés
- 2 ans de visa de résidence pour les Emirats Arabes Unis
- Vous êtes au plus proche de vos prospects et clients du Moyen Orient
-

Mais attention, s'installer à Dubaï n'est pas aussi aisé qu'on peut le penser. Comme pour de nombreux autres pays dans le monde il est important de se faire accompagner pour réussir son implantation. Les prestataires étudient votre projet, et se chargent des formalités juridiques et administratives. Ils ouvrent votre société en freezone pour votre compte.

Toutefois la méconnaissance de la plupart des entrepreneurs (langue, cultures, habitudes réglementation, ..) transforme les société de conseil et accompagnement à la création en partenaires indispensables.

Les types de sociétés existant à Dubaï
Plusieurs types de sociétés sont présentent aux Emirats Arabes Unis et donc à Dubai, les sociétés « Onshore » ou « Offshore ». Voici les principales caractéristiques.
Les sociétés Offshore :
On peut créer des sociétés Offshore pour toutes les activités en dehors des Emirats, cependant, il existe quelques contraintes
- Pas de bureau physique
- Pas de salariés
- Pas de fournisseurs aux Emirats
- Ne permet pas d'obtenir un visa de travail ou de résidence aux Emirats.
- Pas de salariés embauchés aux Emirats

Qui créent des sociétés Offshore ?
On peut citer des sociétés d'import-export, de conseil, les holdings, ainsi que les investissements et les acquisitions de biens immobiliers.
L'actionnariat à l'étranger s'élève à 100% et il n'y a aucune taxe pour l'imposition de la société.
En effet, cela revient à exercer son activité ailleurs qu'à Dubai tout en bénéficiant des avantages de la Free Zone.
Les sociétés Onshore :
Pour les sociétés « Onshore » il existe 2 types de structure : la société « Free-zone » et la société « Non free-zone ».

La société « Free-zone » :
La création d'une société « Free-zone » vous permettra :
- De posséder 100 % du capital de l'entreprise,
- De ne pas avoir de taxe ou d'impôts locaux,
- De posséder des bureaux aux Emirats dans les zones franches,
- D'embaucher du personnel sur place,
- D'obtenir des visas de travail et de résidence,

- D'avoir des fournisseurs et des clients aux Emirats.

Concernant les principales activités, il existe 4 types d'activités reconnues pour les sociétés « Free-zone » :
- Activité industrielle
- Commerce et vente de marchandises
- Import-Export
- Conseils et services

La société « Non free-zone » :

La société « Non free-zone» peut exercer n'importe quelle activités aux Emirats. Elle peut également vendre à des particuliers sur place.

Le capital se réparti à 49% par l'entrepreneur et à 51% par un émirati et toujours pas de taxe ni impôt sur place.
La licence est obligatoire pour travailler Aux Emirats Arabes Unis (et par conséquent à Dubai). Une licence est un permis de durée limitée accordée à une entreprise d'entreprendre des activités commerciales, de conseil ou industrielle dans la zone libre.

Chaque licence est valable pendant un an, à partir de la date d'émission, et doit être renouvelée chaque année. Autrement dit, c'est une autorisation d'exploitation.

4 types de licences existent :
- Licence commerciale
- Licence de trading
- Licence de service et consulting
- Licence industrielle

CRÉATION DE VOTRE SOCIÉTÉ À DUBAÏ

Nous vous conseillons de passer par des professionnels afin de gagner du temps dans vos démarches, ils sauront vous guider au mieux dans cette étape très importante.

www.welcometo-dubai.com

· +971 58 566 0672.
· Contact@welcometodubai.com

Vous pourrez en ligne faire une estimation du coût de vos démarches ainsi qu'un entretien avec l'équipe si vous souhaitez (et en plus, ils parlent français !!).

Pourquoi choisir les Émirats arabes Unis comme lieu de constitution de ma société ?
Les Émirats arabes Unis, et en particulier Dubaï, ont reçu beaucoup d'attention des médias récemment et pour une bonne raison. Dubaï bénéficie d'un emplacement central entre l'Europe, l'Afrique et l'Asie, ce qui en fait une destination d'affaires de choix pour une variété de secteurs.

Aucune ville aussi cosmopolite et aussi développée que Dubaï ne se trouve dans un périmètre accessible à moins de 5h d'avion de Dubaï. L'environnement très réglementé de Dubaï adhère aux meilleures pratiques internationales, tout en fonctionnant avec un taux d'imposition nul pour les particuliers et les entreprises, et des possibilités illimitées de rapatriement de capitaux sans restrictions de change.

Ce type de liberté financière se trouve rarement dans un environnement d'affaires très développé ; on peut donc trouver une grande offre d'opportunités aux Emirats Arabes Unis et à travers un large éventail de secteurs. Dubaï est l'un des principaux centres commerciaux doté d'une infrastructure ultra moderne et d'un environnement d'affaires exceptionnel

Voici quelques-unes des raisons qui peuvent pousser des entrepreneurs à s'établir à Dubaï et à investir dans la ville :

·Une économie libérale qui est entièrement intégrée à l'économie mondiale.
·La ville est centrale, située entre l'Europe, l'Asie et l'Afrique et attire environ cinq millions d'investisseurs et de touristes annuellement.
·C'est une des villes les plus sûres au monde.
·Plus de 200 nationalités vivent en harmonie et se sentent ici comme à la maison.
·Dubaï est bien desservie par les institutions financières internationales et locales.
·Il y a un système d'enseignement de pointe en place adapté à l'éventail complet des cultures et des langues.
·Dubaï bénéficie d'un système de soins de santé de classe mondiale.

Quels sont les différents types de structures de société dans les Emirats Arabes Unis ?

1. Les entités de zone franche permettent à des sociétés d'être possédées à 100 % par des structures étrangères, et sont exonérées de l'impôt des sociétés et des taxes personnelles pour un certain nombre d'années. Ces entités ne sont pas autorisées à faire des affaires en dehors des zones franches. Elles sont le plus souvent utilisées pour l'importation/la réexportation ou pour les entreprises industrielles et/ou de fabrication. Beaucoup de sociétés de services utilisent également les zones franches comme base pour leurs opérations.

2. Les structures onshore sont les structures les plus mal comprises dans les Émirats arabes Unis. Elles sont celles qui attirent beaucoup d'attention en raison de la règle obligatoire de désigner un « commanditaire local ». En substance, c'est exactement la même exigence que d'autres pays ont mise en place, par exemple la Suisse.

C'est seulement pour s'assurer qu'il y a une personne responsable, dans le pays, qui est en mesure de fournir des réponses et des décisions dans les cas où le propriétaire étranger est incapable ou refuse d'intervenir. La société à responsabilité limitée est mise en place avec un commanditaire local détenant 51 % des parts, cependant, en vertu du droit des sociétés, les bénéfices de la société ne doivent pas être distribués au prorata des participations des actionnaires.

En substance, le commanditaire local reçoit une rémunération annuelle fixe pour l'utilisation de son nom tandis que le directeur/propriétaire résident et le propriétaire étranger gèrent et distribuent les profits à leur guise.

3. La licence professionnelle, permet que 100 % des actions soient attribuées au nom d'un étranger et le commanditaire local est seulement désigné pour jouer un rôle « d'agent de service local ». Cela lui donne droit à une rémunération annuelle fixe pour son rôle en tant que commanditaire de la licence commerciale. Le propriétaire de la licence doit disposer d'une formation qualifiée dans le service professionnel qu'il a l'intention de fournir.

4. Une licence de bureau de représentation est également à la disposition du fondateur ; ce qui permet à l'entreprise de s'engager dans le marketing et la collecte d'informations pour le compte d'une société mère. Dans ce cas, il est obligatoire d'avoir un agent de service local qui n'est pas, cependant, obligatoirement un actionnaire de la société.
Toutes les entreprises enregistrées dans les Emirats Arabes Unis nécessitent un bureau physique.

Est-ce que les Emirats Arabes Unis ont une structure d'entreprise offshore ?
Oui, il y a deux structures offshores que nous recommandons, la première étant l'offshore RAK et la seconde étant la structure offshore JAFZA un peu plus coûteuse.

Les deux structures sont purement offshore, et l'avantage de la structure offshore JAFZA ce qu'elle permet au propriétaire de détenir des biens dans l'émirat de Dubaï. L'offshore JAFZA nécessite au minimum la présence de deux administrateurs et d'un actionnaire contrairement à la offshore RAK qui nécessite une personne en tant qu'administrateur et actionnaire.

Ai-je besoin d'un visa de séjour ?
Afin de vivre et travailler dans les Émirats arabes Unis, vous aurez besoin d'un visa de résidence. Afin d'employer du personnel dans votre organisation, un responsable de l'entité doit avoir un visa de résidence, qui permettra ensuite à l'entreprise de recruter du personnel. Il n'est pas nécessaire d'avoir un visa de résidence pour la constitution d'une société offshore, car ce type de sociétés ne permet pas à son détenteur de faire des affaires dans les Émirats arabes Unis. Les incorporations des zones franches permettent la délivrance des visas de résidence en fonction de la taille des locaux loués ou achetés pour l'établissement.

Quand dois-je renouveler mes documents d'entreprise ?
Dans les Émirats arabes unis, toutes les licences sont renouvelables annuellement. Tout manquement au renouvellement dans les temps entraînera des sanctions et l'annulation de tous les visas de séjour liés à cette société.
Dois-je payer des impôts dans les Émirats Arabes Unis ?
Il n'y a aucun impôt sur les sociétés ni imposition personnelle dans les Émirats arabes Unis. Les entreprises devront payer un droit d'importation de 5 % si elles souhaitent dédouaner leurs marchandises du port dans le pays, à partir de juin 2023 les Émirats annoncent la création d'un impôt sur les sociétés de 9% À partir de 375.000aed.

Quelles sont les procédures d'ouverture d'un compte bancaire ?
L'agence Welcome to dubai peut vous aider dans la procédure d'ouverture de comptes bancaires. Ils seront en mesure de demander à la banque d'envoyer son représentant à leurs bureaux, pour minimiser le temps d'attente et éviter tout désagrément, comme de devoir aller à la banque et de patienter dans les longues files d'attente.

Passer par une agence est très important lors de cette étape, car beaucoup de personnes veulent s'y risquer seule et se retrouvent avec des sociétés mais impossible d'avoir un compte bancaire professionnels...

Quelle est la différence entre un actionnaire et un directeur ?
L'actionnaire est la personne qui détient l'entreprise à travers un certificat d'actions. Une société peut être détenue par un ou plusieurs actionnaires. Le directeur est la personne responsable de la gestion de la société. Il signera des contrats d'affaires et les formulaires d'ouverture de comptes, etc. Les directeurs sont généralement nommés par les actionnaires, mais sont parfois nommés par résolution. Une entreprise peut avoir un ou plusieurs directeurs.

Combien de temps dure le processus de constitution d'une société ?
Le processus de constitution peut prendre de 5 jours à 6 semaines pour certaines des entités de la zone franche. La première étape est l'enregistrement du nom commercial et une fois que cela est terminé, il s'agit de rassembler tous les documents requis pour ce type particulier de constitution et pour la délivrance de la licence par l'autorité pertinente.

Combien de temps dure le processus d'obtention d'un visa de résidence ?
Le visa de résidence ne peut être sollicité qu'une fois que la société a été établie. C'est un processus très simplifié ; une fois que la personne réalisant la demande a terminé son examen médical, les résultats sont envoyés électroniquement au service de naturalisation et de résidence concerné, le statut de résident pourra alors être délivré et inscrit sur le passeport du titulaire.

Dois-je me déplacer aux Emirats Arabes Unis en personne pour constituer la société ?
Pour les sociétés offshore, les agences sont en mesure de réaliser la constitution sans votre présence physique aux Emirats Arabes Unis

Toutefois, dans le cas de la constitution de sociétés dans les zones franches et les juridictions onshore, mais votre présence finira par être requise car vous devrez signer les documents officiels de constitution chez le notaire public ici, aux Émirats Arabes Unis .

Une même personne peut-elle être directeur et actionnaire à la fois ?
Oui, c'est possible pour tous les types de sociétés aux Émirats.

Quelle société est la plus appropriée pour moi ?
C'est une décision qui peut être prise après nous avoir consultés une fois de plus des professionnels et une fois qu'ils auront pris en compte les besoins immédiats de votre entreprise et ainsi que votre vision de l'avenir. Il y a de nombreux avantages différents à prendre en considération et un certain temps devrait être consacré à les explorer tous avec un de leurs consultants spécialisés à votre disposition.

Mes documents doivent-ils être notariés et certifiés ?
Tous les documents éducatifs et corporatifs qui doivent être utilisés au cours du processus de constitution et pour le processus de délivrance du visa de résidence, devront être attestés à l'ambassade ou au consulat des Émirats Arabes Unis correspondant dans le pays d'origine du document. Ces documents doivent ensuite être certifiés par le ministère émirien des Affaires étrangères à Dubaï faisant d'eux des documents officiellement reconnus.

Dois-je me rendre à la banque en personne pour ouvrir un compte ?
Oui, c'est une exigence obligatoire pour ouvrir un compte bancaire dans les Émirats Arabes Unis.

Quels sont les frais de fonctionnement s'appliquant au compte en banque ?
Il y a des exigences de solde minimum pour toutes les banques des Emirats Arabes Unis Si ce solde ne peut être maintenu, il y des frais de maintenance.

Puis-je avoir un compte en banque dans des devises différentes ?
Oui, c'est possible.
Comment puis-je accéder à mon compte ?
Toutes les banques fournissent des services bancaires transactionnels en ligne et des cartes de débit/crédit, qui peuvent être utilisées dans le monde entier.

Puis-je obtenir un visa de séjour pour ma famille et des personnes à charge ?
Oui bien sur les agences feront le nécessaire pour les examens médicaux et les formalités de visas de résident pour les personnes à votre charge et votre famille au sens élargi, selon vos instructions.

Ai-je besoin d'un bureau local dans les Émirats arabes unis ?
Oui, un espace de bureau est nécessaire pour les constitutions d'entreprises dans les Émirats arabes Unis. Au début, vous pouvez réduire les coûts avec un petit espace ou peut-être souhaitez-vous avoir de grands bureaux afin d'amener votre siège aux Emirats Arabes Unis.

Zones Franches, Onshore, Offshore, quelles sont les différences?
Entité de zone franche (FZE)
Dubaï dispose de plusieurs zones franches sur son territoire. La principale caractéristique d'une entité de zone franche est qu'elle permet au client de posséder 100 % de la société. Par conséquent, un commanditaire local n'est pas nécessaire.
L'entité de zone franche est autorisée à effectuer des transactions au sein de la zone franche et à l'étranger.
Un espace de bureau est obligatoire et l'obtention de visas de séjour est possible en fonction de la taille du bureau/des locaux de travail.
Dans certaines zones franches particulières (telles que la DIFC ou la DMCC), il est obligatoire de tenir une comptabilité révisée annuellement, mais dans la plupart des autres zones, il n'y a pas d'obligation en matière comptable ou de révision.

Onshore

Ce type de société implique l'utilisation d'une personne locale comme partenaire ou agent, selon le type de société. Ce partenaire ou agent local a droit à une rémunération annuelle fixe, qui est généralement prédéterminée par contrat.
L'avantage est que ce type de société permet la conduite d'affaires à travers les É.A.U et à l'étranger.
Un espace de bureau est obligatoire et l'obtention de visas de séjour est possible en fonction de la taille du bureau/des locaux de travail.
Il n'y a aucune exigence relative à la comptabilité ou à l'audit.

Offshore

Cela fait suite à vos sociétés offshore typiques de type IBC, il n'est pas nécessaire qu'un bureau soit loué et par conséquent, la délivrance de visas de séjour pour ce type de société n'est pas permise.
Il n'y a aucune exigence relative à la comptabilité ou à l'audit.

Les étapes d'enregistrement des entreprises aux Émirats Arabes Unis :

- Autorisation initiale de l'activité et du nom de la société
- Envoi des documents requis
- Vérification de l'identité des actionnaires (par l'immigration)

- Signature des Statuts
- Location des bureaux (*sauf pour les sociétés offshore*)

- Dépot du capital (*sauf pour les sociétés offshore*)
- Ouverture du compte bancaire

- Carte d'établissement
- Visite médicale et Carte d'identité des Emirats

Détails sur le déroulement de l'ouverture d'une société

- Il est à noter que la durée de ces étapes peut varier de 24h à 1 mois selon les freezones et selon le type de société que vous souhaitez ouvrir.
- Le coût est également variable selon les freezones, il faut également prévoir les coûts du loyer et une rémunération pour le sponsor pour les sociétés Mainland.
- Vous pouvez ouvrir votre société à partir d'un capital de
- 10 000 AED (environ 2 500 euros).
- Votre présence est requise à la signature des statuts et à l'ouverture du compte bancaire. Il y a possibilité de procuration pour l'administration de la société mais pas pour la banque.

- **Détails sur la procédure de demande de Visa**
-
- Le visa peut être obtenu une fois que la société est enregistrée et que la carte d'établissement a été reçue.
- Il est délivré en fonction de la taille des locaux (1 visa pour 80 sq.ft).
- La durée d'obtention du visa varie de 2 semaines à 1 mois selon les services de sécurité intérieure.
- Une visite médicale est obligatoire : Test VIH, Hépatite, Tuberculose
- Certaines nationalités sont interdites : Tunisie, Libye, Soudan, Iran, Iraq, etc
- Sa validité est de 2 ans .
- Sa caution est de 2 000 à 3 000 AED (500 à 750 euros)
- Son prix est de 2 000 à 4 000 AED (500 à 800 euros)
- Il faut parfois présenter un acte de naissance et pour les
- bi-nationaux il peut également être demandé l'autre passeport.

Vivre et travailler à Dubaï :

Afin de résider à temps plein à Dubaï, des visas sont nécessaires.
- Pour travailler, un visa de travail est indispensable. Il s'agit d'un visa de résidence pour les investisseurs et les employés, il est valable 2 ans sur le territoire de Dubaï.
- Pour les investisseurs et leurs employés il existe un Visa Famille qui permet aux conjoints et enfants de résider aussi à Dubaï.
- Pour les affaires, les visas « visite » sont accordés pour une durée limitée aux hommes affaires en déplacement sur le territoire de Dubaï.

Le nombre de visas délivrés dépend de la taille de l'entreprise. Cependant, après 6 mois passé hors du territoire des Emirats Arabes-Unis, le visa s'annule automatiquement.

Les zones franches connaissent un réel succès. Dubaï, actuellement détenteur de 12 zones franches, va encore en développer de nouvelles. Les zones franches attirent de plus en plus d'entreprises grâce à leurs nombreux avantages, à la fois pour la société, mais aussi pour la famille. L'internationalisation devient facile et gage de réussite !

L'EXPATRIATION

L'EXPATRIATION

TOUT QUITTER POUR VIVRE À L'ÉTRANGER, CELA FAIT RÊVER BEAUCOUP DE MONDE, ET NOMBREUX SONT CEUX QUI CHAQUE ANNÉE OSENT TENTER L'EXPÉRIENCE.

Une décision qui ne se prend pourtant pas à la légère et qui mérite mûre réflexion. Pour vous aider à construire votre projet d'expatriation et maximiser les chances de réussir votre vie à l'étranger, voici toutes les bonnes questions à vous poser avant d'entamer les démarches et de boucler vos valises.

L'élaboration d'un projet d'expatriation ne se fait pas sur un coup de tête, évaluez votre situation présente et celle à venir et construisez votre nouveau départ pour l'étranger sur des bases solides. Vous pourrez ensuite débuter le processus d'expatriation avec les différentes démarches à entreprendre avant le départ.

1 – Une mise en garde avant de vouloir s'expatrier

Partir ou ne pas partir est un dilemme !
Oui, on doit partir parce que le vécu à l'étranger est enrichissant, épanouissant, valorisant. Lorsqu'on vit à l'étranger, on se transforme, on s'améliore chaque jour. Ce sont des leçons de vie, des leçons qui restent, qui formatent, qui perfectionnent. A contrario, on ne doit pas partir si on ne sait pas exactement pourquoi on part. Partir pour fuir, partir par obligation, c'est frustrant, dégradant, traumatisant.
Concevoir l'expatriation comme une échappatoire, c'est foncer droit dans le mur. Dans un contexte de perte de repères et de reconstruction d'une nouvelle vie, les problèmes surgiront à un moment ou à un autre. Bien souvent, ils affecteront l'expatrié à un degré bien plus important que si ce dernier était resté dans son pays d'origine.
En résumé : Ne partez donc surtout pas sur un coup de tête ou pour fuir une situation ! Évaluez bien les « pour » et les « contre » en fonction de votre vie personnelle et professionnelle.

2 – Pourquoi vouloir s'expatrier ?

Voici une courte liste d'exemples qui sont autant de raisons et de motivations constructives pouvant déboucher sur une expérience d'expatriation positive et enrichissante :
- Changer d'environnement,
- Faire évoluer sa carrière ou en changer,
- Découvrir d'autres cultures ou d'autres modes de vie,
- Apprendre une langue,
- Développer son côté aventurier et explorateur,
- Réaliser ses rêves d'enfant ou d'adolescent,
- Satisfaire sa soif de découvrir le monde,
- Partir parce qu'on ne trouve pas de travail.

Mais attention, il n'y a pas de bonnes ou de mauvaises raisons, tout simplement des raisons. Certaines peuvent être bonnes pour les uns et mauvaises pour les autres.
 C'est à vous que la décision finale incombe car c'est un choix très personnel.

3 – Les qualités pour une expatriation réussie

Pour vous aider à savoir si vous êtes prêt au départ, faites ce petit test. En toute honnêteté avec vous-même et sans renier vos racines:
·Suis-je prêt à ne prendre qu'un billet aller simple ?
·Suis-je prêt à ne vouloir pratiquer que la langue du pays en dehors de la famille ?
- Suis-je prêt à commercer en priorité avec les habitants de la nationalité du pays considéré ?
- Suis-je prêt à passer les fêtes de fin d'année dans ce pays ?
- Suis-je prêt à inviter ma famille pour les vacances dans ce pays d'adoption ?
- Suis-je prêt à regarder le bon côté ou la différence des choses avant de critiquer ?

- ## 4 – S'expatrier seul vs en famille
  - Les implications d'une expatriation en solo ou en famille ne sont pas les mêmes.

- Il est plus facile de larguer les amarres quand on est seul
- Les responsabilités sont moins importantes mais la solitude est bien présente. Se retrouver seul dans un nouveau pays, dans un nouveau contexte professionnel, requiert une bonne dose de confiance en soi.
- Partir avec ses proches, en revanche, demande plus d'efforts. Mais la solidarité familiale est décuplée. D'ailleurs, on s'expatrie plus en famille que seul : plus de deux tiers des Français qui vivent à l'étranger sont en couple. Et c'est une tendance à la hausse. La moitié d'entre eux ont au moins un enfant sur place.
- Si vous souhaitez partir vivre à l'étranger avec votre famille et/ou votre conjoint, il est impératif qu'ils approuvent votre projet. Ce doit être une décision collégiale et non individuelle, où chacun aura mesuré le pour et le contre et accepté de mettre entre parenthèses certaines habitudes de vie. Le couple est un rouage essentiel dans l'expatriation. Il peut aussi bien être une force qu'une cause d'échec. Une excellente communication est donc capitale, dès
- l'élaboration du projet jusqu'à la vie une fois en expatriation.

- **5 -Ne pas sous-estimer le choc culturel et personnel**

- **Connaissez-vous les 4 phases de l'expatriation ?**

- L'expatriation est un challenge et un défi qui, suffisamment bien préparé, devient une opportunité fabuleuse de développement personnel.
- Mais avant d'y parvenir, il est essentiel de savoir, en amont, que les sentiments et émotions ressentis par les expatriés et leurs familles suivront un cycle ponctué d'euphorie, d'exaltation, de doutes et parfois même de découragement. On parle alors de "choc culturel" qu'il est important de connaître et comprendre pour mieux s'adapter et l'éviter.
- Alors, prêt à relever le défis de l'expatriation ?
- L'expatriation est une formidable aventure humaine et une opportunité fabuleuse de développement personnel.
- Durant son séjour à l'étranger, tout expatrié passe par un cycle de 4 phases, ponctué d'euphorie, de doutes et parfois même de découragement. Connaître et comprendre ce cycle permet de mieux s'adapter afin de faire face à l'inévitable choc culturel.
- L'expatriation est un challenge et un défi qui, suffisamment bien préparé, devient une opportunité fabuleuse de développement personnel. Mais avant d'y parvenir, il est essentiel de savoir, en amont, que les sentiments et émotions ressentis par les expatriés et leurs familles suivront un cycle ponctué d'euphorie, d'exaltation, de doutes et parfois même de découragement.
- On parle alors de "choc culturel", un état d'être qui a été défini pour la première fois en 1960 par l'anthropologue canadien Kalervo Oberg.

- Que vous soyez à votre première expérience à l'étranger ou bien un expatrié de longue date, la courbe du cycle de vie de l'expatriation de McCormick et Chapman vous permet de mesurer le chemin parcouru jusqu'à maintenant. Notez que la durée de chaque période dépend essentiellement de la personnalité et des facultés de la personne à s'adapter à sa nouvelle situation.

- **1 – Phase de "lune de miel"** (**Honeymoon**)
- Cette phase initiale plonge l'expatrié dans un état d'esprit euphorique, sous le signe de la découverte et de l'émerveillement. C'est le temps de l'exploration d'une autre culture, d'une autre ambiance de vie, et parfois d'un climat différent.
- Tout apparaît stimulant et intéressant. A ce stade, seuls comptent les différents aspects positifs de sa nouvelle vie

à l'étranger. En effet, le nouveau pays d'accueil se dévoile petit à petit, ce qui encourage l'imagination et le rêve.

Du coup, l'expérience est plus proche du tourisme que de l'expatriation ! Toutefois, cela n'est malheureusement pas éternel. Au fur et à mesure que le temps passe, la réalité s'impose avec un quotidien qui s'installe, accompagné d'une certaine routine.

- **2 – Phase de "crise"** (**Crisis**)
- Cette phase qui est également appelée "choc culturel" est un sentiment créé par l'anxiété et la désorientation d'un individu plongé dans un environnement différent de celui de ses origines.
- Prenant progressivement conscience des contrastes qui existent entre son pays d'origine et celui d'accueil, l'expatrié se voit exposé à des situations qui le déstabilisent. Cela intervient à la fois dans la sphère professionnelle et privée.
- Il va commencer à douter de ses capacités à faire face à son nouvel environnement, à adopter
- une attitude négative par rapport à ce qui l'entoure, aux difficultés, aux pertes de repères. Pour certains la colère, le doute, la frustration, la peur, la solitude apparaîtront. Même des problèmes mineurs peuvent devenir des sources d'agacement et de frustration. Lors de cette phase, l'humeur change et la sociabilité de la personne en est affectée, ce qui peut créer un cercle vicieux.
- Fort heureusement, cette prise de conscience va doucement permettre d'aborder la phase suivante, celle de l'adaptation.

- **3 – Phase "d'adaptation / d'acclimatation"** (**Recovery**)
- L'expatrié entre ensuite dans la phase d'adaptation, durant laquelle son moral remonte. Il essaie alors de déchiffrer les comportements et attitudes du pays étranger afin de chercher à se les approprier à son tour.
- Son regard sur l'environnement va progressivement se modifier, ses attentes vont changer, son discours va se transformer, entrainant de nouvelles motivations et envies, pour au final aboutir à la mise en avant de nouveaux projets.
- Concrètement, tout au long de cette période l'individu commence à accepter les changements du quotidien apportés dans sa vie par l'expatriation. Sans aller jusqu'à renier sa culture d'origine, l'expatrié s'ouvre sur celle de son pays d'accueil et s'efforce de vivre de la même manière que les habitants.
- La construction de nouveaux repères acceptables et satisfaisants lui permettent de préserver son équilibre et de s'épanouir. L'intégration pointe le bout de son nez !

- **4 – Phase de "maîtrise / maturité"** (**Ajustement**)
- La phase finale du cycle de vie de l'expatriation est la "maîtrise". Lors de cette dernière phase, l'expatrié trouve ses repères. Il apprécie son nouveau mode de vie et il est pleinement à l'aise dans son nouvel environnement. Il a nettement plus confiance en lui et il est de plus en plus positif face à sa nouvelle vie. Il sait fonctionner efficacement dans la nouvelle culture. L'épanouissement et la satisfaction sont élevés. Cette phase est vécu positivement.

Bravo ! Les portes du succès de l'expatriation sont désormais grandes ouvertes.

OBTENIR SON VISA

LES FORMALITÉS POUR OBTENIR LE VISA DE RÉSIDENT CHANGENT RÉGULIÈREMENT

Généralement, l'entreprise qui vous embauche prendra en charge toutes les formalités administratives ainsi que les frais liés à votre visa et à celui de votre famille. Avant votre départ, vous devrez cependant faire certifier (et très souvent traduire) certains de vos documents officiels (diplômes, certificat de mariage etc.) d'abord auprès du Ministère de l'Europe et des Affaires étrangères puis auprès de l'Ambassade des Émirats Arabes Unis à Paris.

Les autorités de Dubaï ont lancé en juillet 2020 un nouveau type de visa longue durée destiné aux personnes de plus de 55 ans souhaitant s'installer dans l'Émirat pour leur retraite.
D'une validité de 5 ans (et renouvelable), il s'adresse aux résidents (et à leur conjoint) mais également aux citoyens du monde entier sous certaines conditions dont la première est d'avoir une assurance santé aux Emirats. Les candidats devront également remplir l'un des critères financiers suivants : revenu mensuel de plus de 20 000 AED, épargne disponible d'un million d'AED ou posséder une propriété à Dubai d'une valeur de deux millions de dirhams.

Pour obtenir des informations fiables et à jour concernant les visas, nous vous conseillons de vous renseigner directement auprès des différentes entités, comme l'Ambassade de France située à Abu Dhabi ou celle des Émirats Arabes Unis à Paris.
 Une fois résident des Émirats, il est fortement conseillé de s'inscrire auprès du Consulat.
 Une nouvelle plateforme dédiée rapide et pratique est désormais en ligne pour faciliter vos démarches le site du Consulat Général de France à Dubai.
 Consultez notre fiche pratique : Le Consulat Général de France à Dubai, tout ce qu'il faut savoir.

Afin d'obtenir un permis de travail pour travailler aux EAU, vous devez d'abord trouver un emploi. Votre employeur parraine votre permis de travail. Ce permis de travail est valable deux mois et vous permet d'entrer dans le pays.

Une fois que vous êtes entré aux EAU avec ce permis de travail, l'employeur qui vous parraine vous aidera à remplir les formalités pour les tests médicaux, à obtenir votre carte d'identité de résident des EAU (carte d'identité des Émirats, l'ID), votre carte de travail et à obtenir le permis de séjour de travail tamponné sur votre passeport dans les 60 jours.

Conditions d'éligibilité

Avant d'obtenir votre permis de travail, vous et votre employeur devez remplir certaines conditions d'admissibilité. Ceux-ci inclus:

- Vous devez avoir 18 ans ou plus
- La licence d'entreprise de votre employeur doit être valide
- Votre employeur ne doit avoir commis aucune infraction
- Le travail que vous faites doit être en adéquation avec la nature de l'activité de votre employeur

En dehors de cela, les travailleurs étrangers sont répartis en trois catégories en fonction de leurs qualifications ou compétences :

- Catégorie 1 : les titulaires d'un baccalauréat
- Catégorie 2 : les titulaires d'un diplôme d'études post secondaires dans n'importe quel domaine
- Catégorie 3 : ceux qui ont un diplôme d'études secondaires.

Documents requis pour le permis de travail aux EAU

- Votre passeport original et sa copie
- Votre photo de format passeport, conformément aux exigences des Émirats arabes unis
- Document d'autorisation de vos qualifications par l'ambassade ou le consulat des Émirats arabes unis dans votre pays ainsi que par le ministère des Affaires étrangères de votre pays.
- Certificat médical, délivré par un centre de santé agréé par le gouvernement aux EAU.
- Licence commerciale ou la carte d'entreprise de l'entreprise qui vous embauche

Une fois que vous avez soumis votre demande, le gouvernement prend environ 5 jours ouvrables pour accorder le permis de travail.
Le permis de travail est délivré avec la carte de travail et le visa de résidence. Le visa de résidence vous permet de rester et de travailler légalement aux EAU. Les visas de résidence aux EAU sont délivrés pour 1, 2 ou 3 ans, selon le but du voyage et à la discrétion des agences des EAU. Le visa de résidence vous permet d'amener les membres de votre famille aux EAU.

Renouvellement du visa de travail
Votre parrain devra renouveler votre visa de travail aux EAU dans les 30 jours avant sa date d'expiration.
Le processus de renouvellement du visa de travail aux EAU est similaire à celui où vous avez reçu votre visa pour la première fois : votre parrain doit faire sa demande dans l'émirat approprié auprès de la Direction générale de la résidence et des affaires étrangères.
Les visas pour les entrepreneurs qui ouvrent des société en freezone ou bien avec sponsor en mainland sont de 2 ans renouvelables depuis Aout 2022 (nous y reviendront plus tard en détails pour les créations de socités).

Les changements en matière de visas sont entrés en rigueur le Lundi 3 Octobre 2022.
Que vous soyez émiratis, expatriés ou en visite aux émirats arabes unis, vous pourrez bénéficier de ces nouveaux schémas et procédures simplifiées.
Parmi ces nouveautés, on retrouve l'annonce de la troisième génération du passeport Emirati annoncé récemment par l'Autorité Fédérale Chargée de l'Identité, de la Citoyenneté, des Douanes et de la Sécurité Portuaire (ICP). Ce nouveau passeport se caractérise par des spécifications techniques sans précédent et un système de sécurité très complexes dans le seul et unique but de réduire les tentatives de contrefaçon ou de falsification de ce dernier.
Ces changements inclus tous les nouveaux types de visas de résidence et les nouveaux permis à entrées multiples, et simplifie les options déjà en place.
Analysons de plus près les changements apportés.

Les visas de visite

En ce qui concerne les visas de visite, ces derniers sont disponibles pour une entrée unique ou multiple. Ils peuvent être renouvelés facilement pour une durée similaire. Ils permettent désormais un séjour de 60 jours, contre 30 précédemment.
Pour les personnes à la recherche d'un emploi, a été mis en place le visa d'exploration professionnelle. Ce dernier peut être obtenu sans sponsor et sans hôte. Seuls les personnes classées dans le premier, le deuxième ou le troisième niveau de compétence selon le Ministère des Ressources Humaines et de l'Emiratisation et les jeunes diplômés des 500 meilleures universités du monde pourront prétendre à l'obtention de ce nouveau type de visa.
Enfin, il est désormais possible qu'un visiteur parent, ami d'un citoyen ou d'un résident des Emirats puisse demander un permis d'entrée pour Dubaï et les Emirats. Pour ce type de permis, il n'est pas nécessaire d'avoir un sponsor ou un hôte.

Le visa à entrées multiples

Le visa touristique multi-entrées a une période de validité de cinq ans. Il permet à la personne qui en est le détenteur de rester aux Emirats Arabes Unis jusqu'à 90 jours continus et ces 90 jours peuvent être prolongés de 90 jours supplémentaires. Attention, la durée totale ne doit pas dépasser les 180 jours de présence aux Emirats sur une année entière.
La condition pour l'obtention de ce visa est simple, il suffit de présenter la preuve d'un solde bancaire d'un montant minimum de USD 4 000 ou son équivalent en devise étrangère (sur les six derniers mois). Pour ce type de visa, vous n'aurez pas besoin de sponsor ou d'hôte.

Sponsoriser sa famille

Autrefois, il était possible de sponsoriser ses enfants de sexe masculin jusqu'à leur 18 ans uniquement, désormais il est possible de les sponsoriser jusqu'à leur 25 ans. Quand aux enfants de sexe féminin, il est possible pour les parents de les sponsoriser sans limite d'âge tant qu'elles ne sont pas mariées. Aussi, les enfants en situation de handicap peuvent être sponsoriser par leurs parents sans limite d'âge.
Noter que les titulaires du Green Visa pourront également parrainer leurs parents au premier degrés (enfants et parents).

Nouveautés du programme Golden Visa
Qui est éligible au Golden Visa?

Le programme Golden Visa a été élargi et permet ainsi à un plus large public d'en bénéficier. Pour rappel, ce type de visa a une durée de 10 ans renouvelable. Les catégories concernées sont les suivantes:
- Les scientifiques: les scientifiques et les chercheurs ayant une grande influence dans leur domaine peuvent prétendre à ce type de visa, mais ils doivent avoir obtenu au préalable la recommandation du Conseil des Scientifiques des Émirats. De plus, le candidat doit être titulaire d'un doctorat ou d'une maîtrise dans les disciplines de l'ingénierie, de la technologie, des sciences de la vie ou des sciences naturelles, obtenus dans les meilleures universités du monde, ainsi que d'importantes réalisations en matière de recherche.
- Les professionnels: le visa a été élargi à cette catégorie pour attirer les travailleurs hautement qualifiés (tout domaine confondus), à savoir: la médecine, les sciences et l'ingénierie, les technologies de l'information, les affaires et l'administration, l'éducation, le droit, la culture et les sciences sociales.
- Les talents exceptionnels: dans cette catégorie, le talent est le seul critère d'éligibilité indépendamment du niveau d'études, du statut professionnel, du salaire mensuel ou du niveau professionnel. Pour obtenir le golden Visa sans cette catégorie, il faut absolument la recommandation d'une entité gouvernementale fédérale ou locale. Les domaines concernés sont la culture, de l'art, du sport, de la technologie numérique, les inventeurs et les innovateurs dans d'autres domaines vitaux.
- Les étudiants et les diplômés exceptionnels: uniquement pour les étudiants les plus performants des écoles secondaires des Emirats et aux diplômés d'exception des universités des Emirats. Mais pas seulement, sont également concernés les étudiants des 1 000 meilleures universités du monde.
- Pionniers de l'humanitaire: dans cette catégorie, on parle des membres d'organisations internationales et régionales, d'associations d'utilité publique, des lauréats dans le domaine de l'humanitaire sans oublier les bénévoles.

- Les héros de première ligne: on parle ici des travailleurs qui mettent tous leurs efforts au service de la nation, on inclut dans cette catégorie le personnel soignant qui a donné le meilleur pendant la pandémie de la COVID-19.
- Les entrepreneurs et les propriétaires de start-ups: les exigences sont beaucoup plus flexibles pour l'obtention du visa pour ces catégories de personnes.
- Les investisseurs immobiliers de plus de 2millions d'aed.

Les avantages du Golden Visa
- Les détenteurs des Golden Visa peuvent sponsoriser leurs enfants sans limite d'âge. Concernant le personnel domestique, il n'y a pas de limite de nombre.
- Enfin, si la personne qui détient le Golden Visa reste hors des émirats pour une durée supérieure à 6 mois, son visa ne sera pas annulé.
- Si le titulaire du Golden Visa décède, tous les membres de la famille qui dépendent de lui pourront rester aux Emirats jusqu'à l'expiration du visa.

Green Visa
Le programme de Green Visa offre une résidence d'une durée de 5 ans et concerne plusieurs catégories de personnes, à savoir:
- Green Visa pour les travailleurs indépendants ou les freelances: la personne qui en fait la demande doit obtenir un permis auprès du MOHRE (Ministère des Ressources humaines et de l'Émiratisation). La deuxième condition concerne le chiffre d'affaires annuel des deux années précédents la demande, le montant doit être d'au minimum AED 360 000.
- Green Visa pour les employés qualifiés: ils doivent avoir en leur possession un contrat de travail valide et un salaire mensuel d'au moins AED 15 000.
- Green Visa pour les partenaires et les investisseurs: aucun sponsor n'est nécessaire pour obtenir le visa, et ce type est plus adapté aux investisseurs ou aux partenaires d'une agence ou d'une entreprise.

Délai de grâce après l'annulation ou l'expiration du visa
Dans le passé, après l'annulation ou l'expiration d'un visa de résidence, les expatriés bénéficiaient d'une période de 30 jours pour quitter les Emirats ou trouver un nouvel emploi leur offrant un visa de résidence.
Le nouveau programme prévoit des délais beaucoup plus longs et flexibles pouvant aller jusqu'à 6 mois après l'annulation ou l'expiration du visa de résidence. Des clarifications sont attendues pour ce point.

Puis depuis Aout 2022 de nouveaux visas sont disponibles
(Gold & Green visa):
le golden visa (10ans) qui est un visa de 10 ans reconductible, vous n'avez pas besoin de revenir tout les 6mois aux uae, pas besoin de sponsor pour l'obtenir, vous pouvez sponsorisé votre famille incluant votre épouse et vos enfants sans limite d'age , et si l'obtenteur du visa décede la famille peut rester au uae jusqu'à la fin de la date de résidence du visa.

Comment l'obtenir :

-Vous pouvez l'obtenir si vous achetez un bien de minimum 750 000Aed
- Si vous êtes professionnel de santé ou scientifique
- Éleve gradué de haut niveau scolaire.

Puis il y a les différents types de visa de résidence Green visa :
- Visa éducation valable 2ans sponsorisé par une liste d'établissement scolaire universitaire à dubai
- Visa investisseur et partenaire, d'une durée de 5ans renouvelable.
- Et enfin le visa de travail de 5ans renouvelable pour les freelance or employées certifiés qui bénéficient d'un certain revenu mensuel.

PRÉPAREZ SON DÉMÉNAGEMENT

LE DÉMÉNAGEMENT

FÉLICITATIONS !

Partagé entre la joie de vivre cette nouvelle aventure et l'appréhension de toutes les démarches que cela engendre, il vous faudra anticiper et préparer suffisamment en amont les différentes étapes de votre expatriation.

Les Français sont de plus en plus nombreux à avoir un projet d'expatriation. Près de 2 à 2,5 millions d'entre eux ont déjà sauté le pas .

Que ce soit en couple, en famille ou bien solo, une expérience à l'étranger est souvent un formidable tremplin en termes de carrière, mais aussi une expérience personnelle à part.

Néanmoins, un déménagement international est un projet sérieux qui se prépare longtemps à l'avance.

En effet, la plupart des pays dont les Emirats Arabes Unis requièrent un visa pour pouvoir résider , avec un passeport Français seulement 3mois de Visa touriste (qui peuvent être reconduit 3mois de plus) , cependant attention le visa touriste suffit pour avoir le droit d'être sur le sol mais pas pour travaillé.

Il est très important d'avoir un visa valide pour partir s'installer à l'étranger. Les visas tourisme de quelques mois ne suffisent pas et les conséquences peuvent être catastrophiques si vous souhaitez tout de même tenter le risque (inadmissibilité à d'autres visas, reconduite à la frontière, interdiction de séjour sur le territoire, etc.).

Votre déménagement est directement influencé en fonction de la période choisie. En vous y prenant tôt, vous avez plus de chance de faire jouer la concurrence et d'obtenir de meilleurs tarifs, très souvent lors d'une prise de poste à Dubaï le déménagement est pris en charge par l'entreprise sous réserve que vous restiez au sein de l'entreprise un minimum de 2 ou 3ans selon votre contrat.

Les prix des meubles et électroménagers n'est pas cher à Dubaï , très souvent nous conseillons de prendre uniquement vos affaires personnelles et de tout racheter une fois sur place.

Si vous choisissez l'option gros déménagement voici de quoi vous aider.

1) Contacter des entreprises de déménagement spécialisées

Un déménagement international est plus complexe qu'un simple déménagement en France et requiert un savoir-faire spécifique. C'est pourquoi, faire appel à des déménageurs internationaux est fortement recommandé.

Indépendamment de prendre en charge l'exécution et le transport de vos affaires, ils sont aussi là pour vous accompagner tout au long de l'organisation de votre déménagement, et pour vous aider dans les nombreuses démarches, comme par exemple les formalités douanières propres à chaque pays d'accueil.

Les entreprises de déménagement offrent de nombreux services adaptés pour mieux vous aider, de la prise en charge à la livraison dans votre nouveau logement, et pour faciliter au mieux votre installation.

Il est conseillé de faire une demande de devis 3 à 6 mois à l'avance pour avoir le temps de vous renseigner et de choisir le bon prestataire qui correspond à vos besoins. N'hésitez pas à demander plusieurs devis afin de comparer les tarifs mais aussi les prestations. Pensez à vérifier que le devis soit parfaitement clair et complet.

Astuces : En étant flexible sur votre date de déménagement, vous avez la possibilité d'obtenir des devis déménagement moins cher. Et si vous déménagez pendant des périodes creuses en dehors des mois d'été et de la fin de l'année, vous pourrez plus facilement négocier le tarif avec le déménageur.

Enfin, pensez à vous renseigner sur les possibilités de déménagement groupé qui sont une façon plus économique de déménager.

2) Bien organiser son déménagement

Autre étape importante, organiser concrètement votre déménagement, c'est-à-dire mettre sous carton vos affaires, mais aussi décider de ce que vous emporterez ou pas. Il est important de faire le tri au préalable, sachant que le prix de votre déménagement dépend également du volume d'affaires à transporter. Une bonne astuce pour financer votre projet est de faire le grand tri de vos objets, de vos meubles, de donner ou bien de vendre ce dont vous n'avez plus vraiment besoin ou n'utilisez plus.

Concernant l'organisation même du déménagement, il faut prévoir suffisamment de temps pour préparer les cartons, mais aussi pour régler sa situation en France, comme quitter ou mettre en location son logement, prévenir les administrations et les organismes, etc.

Soyez sûr d'être parfaitement préparé avant et après votre jour de déménagement et de ne rien oublier parmi tous les préparatifs et les démarches à réaliser.

Pratique pour rester organisé et ne pas perdre de temps inutilement, et vous aider à exécuter chaque tâche de manière efficace et progressivement.

· Traduire et faire certifier vos diplômes en France
· Vous assurez que vos procédures de contrat de travail et de visa de résidence ont était commencer par votre entreprise.
· Posez vos congés pour avant et après votre déménagement (renseignez-vous entre-autre si vous avez le droit à un jour de congé spécial pour votre déménagement) ;

- Recherchez une nouvelle école et transférez les dossiers scolaires de vos enfants(pour le choix des écoles à Dubaï nous y reviendront en détail dans un prochain chapitre;
- Effectuez des recherches sur les entreprises de déménagement
- Commencez à désencombrer – parcourez chaque pièce une à une et identifiez les objets à vendre, à donner ou jeter ;
- Créez un dossier contenant vos documents importants – offre de l'entreprise, informations de contact, contrats, calendrier et dates importantes, etc. ;
- Choisir votre entreprise de déménagement ;
- Organiser une visite technique pour évaluer précisément le volume et les contraintes de votre déménagement et établir un devis final ;
- Collecter les cartons déménagement et matériels d'emballage auprès de l'entreprise de déménagement ou par vos propres moyens ;
- Faire un inventaire complet de vos biens et remplir le document la Lettre de voiture pour la couverture assurance de vos affaires personnelles ;

- Commencer à emballer, pièce par pièce – commencer par les articles qui ne sont pas immédiatement nécessaires ou hors saison ;
- Vérifiez les restrictions de stationnement dans la zone de votre maison actuelle et de votre nouvelle maison. Demandez des permis de stationnement, des suspensions ou des dérogations ;
- Si vous louez, informez votre propriétaire de la date de votre déménagement.

1 mois avant le déménagement
- Prendre des dispositions pour la garde des enfants et des animaux de compagnie pendant votre journée de déménagement ;
- Commencez à vider votre réfrigérateur, votre congélateur et votre garde-manger de manière stratégique – créez un plan de repas ;
- Confirmez le jour du déménagement avec votre entreprise de déménagement ;

Occupez-vous de toutes les démarches déménagement nécessaires et informez les personnes telles que les entreprises de services publics, les banques, les amis et la famille de votre déménagement ;

2 semaines avant le déménagement
- Arrêter certains services tels que la télévision, le téléphone et Internet pour éviter des frais
- Réglez vos factures en attente et annulez ou déplacez vos abonnements : journaux, magazines, etc. ;

Continuez à faire à mettre sous carton et à emballer autant que possible – n'ayez pas peur de demander de l'aide à vos amis et à votre famille ; Retourner les articles empruntés.

1 semaine avant le déménagement
- Confirmez les derniers détails du jour du déménagement avec les déménageurs ;
- Créez une liste des cartons correspondant à chaque pièce et marquez ceux-ci d'un étiquetage ou d'une couleur par pièce pour vous retrouver plus facilement après l'emménagement ;
- Nettoyez et dégivrez votre réfrigérateur et votre congélateur ;Faites autant de lessive que possible ;

- Rangez vos documents les plus importants dans un endroit sûr et accessible – ceci comprend les passeports, permis de conduire, certificats de naissance et papiers d'assurance ;
- Jour-J du déménagement
- Défaites vos lits et rangez votre linge dans les cartons gardés de côté à cet effet ou dans des sacs ;
- Réalisez le relevé de vos compteurs (prenez ceux-ci en photo) Être présent à l'arrivée des déménageurs
- Jetez un dernier coup d'œil à la maison pour vérifier les objets oubliés (comme par exemple ceux de vos enfants) et pour vous assurer que tous les appareils sont éteints ;
- Donnez les coordonnées d'urgence à vos déménageurs. Prenez également le numéro de téléphone d'un des déménageurs.

- **4) La liste des médicaments et stupéfiants interdits aux Emirats Arabes Unis :**
- De simples traces de cannabis ou de cbd sur un vêtement provoquent votre interpellation au moment de franchir les contrôles de police. Vous serez aussitôt soumis à un test visant à déterminer si vous avez consommé de la drogue.
- Sachez que les moindres quantités de stupéfiants ou cbd, mêmes infinitésimales (de l'ordre de quelques milligrammes) vous conduiront en prison.
- Toute importation, consommation, production ou détention de stupéfiants sont totalement interdites et sévèrement punies par la loi. mais également certaines substances considérées comme stupéfiants, par exemple la codéine.
- De la même manière les cigarettes électroniques contenant des huiles CBD (cannabidiol) sont formellement interdites aux EAU car considérées comme des produits narcotiques ou psychotropes. Toute consommation est passible d'une peine de prison immédiate. Seules les cigarettes électroniques contenant du tabac chauffé à bruler ou des saveurs aromatisées (menthol, pomme, etc…) sont autorisées.
- Les personnes prenant des médicaments contenant des substances interdites doivent impérativement se munir d'un certificat médical à leur nom, établi par un spécialiste.

, et dûment daté, certifiant le traitement d'une maladie. Les quantités emportées doivent être proportionnées aux prescriptions du médecin. En cas de doute, ne pas hésiter à demander l'avis d'un docteur sur place.

Les médicaments non autorisés sont assimilés à de la drogue et les personnes en détenant sont traitées avec la même extrême sévérité que les trafiquants de narcotique.
Les pénalités légales sont appliquées avec une très grande rigueur : le fait de consommer ou de détenir des produits stupéfiants quels qu'ils soient et quelle que soit la quantité détenue, peut entraîner une peine de quatre à dix ans d'emprisonnement pouvant être portée à quinze ans pour circonstances aggravantes ou récidive.
 Les personnes susceptibles de fournir des renseignements et qui ne le font pas peuvent être poursuivies pour complicité.

Le Consulat rappelle que les autorités françaises ne peuvent en aucun cas intervenir dans les procédures judiciaires locales, la liste est présente sur le site de l'ambassade.

5) Préparer son arrivée

- Entrée sur le territoire des Emirats Arabes Unis
Pour entrer sur le territoire des Émirats Arabes Unis, la validité minimale de votre passeport doit être de 6 mois à la date d'entrée sur le territoire émirien, sous peine de refoulement.
 Par contre, si vous détenez un permis de résidence, la validité exigée est réduite à 3 mois.
ATTENTION !
- Les passeports d'urgence n'offrent aucune garantie d'entrée sur le territoire des Emirats arabes Unis.
- Les documents de voyage pour réfugiés en France ne sont pas valables à Dubai. Les personnes détentrices de ce type de documents sont interdits d'entrée sur le territoire des Emirats arabes Unis.

6) Quitter la France en règle avec les autorités

Certes, vous allez quitter l'hexagone, mais vous devez tout de même rester en règle avec l'administration française, que ce soit vis-à-vis de votre nouveau statut fiscal, de vos droits en France et à l'étranger. Prenez le temps avant votre départ à l'étranger de contacter votre banque et de faire le point avec elle sur les conséquences de votre changement de situation, mais aussi les documents qui vous seront demandés.

Vous devez également informer les organismes sociaux de votre nouveau statut, donner votre préavis à votre employeur et le préavis si vous quittez votre logement.

En résumé, bien préparer son départ en effectuant en amont certaines démarches, reste la clé d'une expatriation réussie.

1 – FORMALITES ADMINISTRATIVES :

Se renseigner en amont Certaines procédures administratives sont longues et il est conseillé de s'y prendre plusieurs semaines, voire plusieurs mois à l'avance. C'est le cas en particulier pour l'obtention des visas et du permis de travail. Délivrés par les consulats, les délais d'obtention des visas varient selon le type et la destination. De plus, il sera nécessaire de produire des documents à l'appui de la demande (photographie, extrait de casier judiciaire, relevé bancaire, extrait d'acte de mariage ou de naissance…).

Concernant les impôts, vous avez l'obligation de signaler votre nouvelle adresse à votre dernier centre des finances publiques. Pour cela, il vous suffit de vous connecter à votre espace Particulier sur le site impots.gouv.fr et d'y modifier vos coordonnées personnelles. Notez que votre dernier centre des finances publiques continuera de gérer votre dossier jusqu'au traitement de votre prochaine déclaration en N+1. Si vous ne disposez plus de revenus de source française imposables en France après votre départ, vous devrez l'indiquer expressément lors de votre déclaration de revenus. Si vous avez des revenus imposables en France avant et après votre départ, vous devrez remplir 2 déclarations :

- un formulaire n° 2042 (Déclaration des revenus)
- un formulaire n° 2042-NR (Déclaration des revenus complémentaire)

2 – LE PASSEPORT : Vérifier sa date de validité

Vérifier les passeports de tous les membres de la famille. La validité du passeport doit obligatoirement être supérieure à la date d'expiration du visa. Afin d'être tranquille, opter pour une marge de validité de 12 mois minimum est recommandé, sinon il est préférable de le faire renouveler.

Post-it : A l'étranger, les passeports sont délivrés par les chefs de poste consulaire et les chefs de mission diplomatique. Le délai de fabrication est assez court, entre deux à trois semaines.

3 – CONDUITE : Demander un permis de conduire international

Dans le cas de Dubai ,Vous pouvez conduire les voitures de location avec votre permis français, par contre des l'obtention de votre ID vous devez impérativement faire changer votre permis français en permis des emirats arabes unis , il est strictement interdit de conduire avec son permis français des lors que vous êtes résidents des UAE.

Ce qu'il faut apporter
- ID du résident Passeport avec visa de séjour (copie et original)
- Permis de conduire actuel (original et copie)
- Certificat d'examen des yeux, disponible a RTA ou chez tout opticien agréé
- (frais environ 189 AED)
- 2 photos de passeport
- certificat de Non objection (NOC) de votre sponsor (mari pour les épouses ou entreprise)
- frais environ 700 aed
-

Procédure
- Rendez vous chez RTA à Dubai ou dans le bureaux des autorités compétentes de votre émirat pour délivrer une licence.
- Recueillir un formulaire de demande de permis de conduire auprès de l'autorité.
- Attendez que votre numéro ou nom soit appelé.
- Prenez les documents au comptoir et payez les frais de demande requis.

Votre licence sera prête dans les 5-10 minutes si il n'y a pas trop de monde .
Les prix sont donnés à titre indicatifs et susceptibles de changement selon les nouvelles lois et tarifs.

Renouvellement:
Vous pouvez désormais renouveler votre permis de conduire sur internet ou sur l'application RTA de votre smartphone.
Si ça ne fonctionne pas , vous devez vous rendre au centre RTA de Al Barsha, ,uni de votre ID et de votre ancien permis emirati en commençant par le Eye test center situe près du parking qui s'occupera de tout.
- Passer le eye test – 189 aed
- renouvellement fee- 300 aed
- knowledge-innovation fee – 20 aed
- frais dossier – 30 aed

Muni de votre numéro de dossier, dirigez-vous vers le centre RTA situé à l'interieur du bâtiment. Allez directement à la machine et appuyez sur RTA, rentrez votre numéro de dossier et votre nouveau permis va s'imprimer dans les 5 minutes !

4 – BANQUE : Compte courant et transfert d'argent

Conserver un compte bancaire ou Pel ne fait l'objet d'aucune restriction pour les personnes partant vivre à l'étranger. Toutefois, certains produits financiers sont réservés aux personnes résidentes en France. C'est le cas par exemple des Livret A, Livret Jeune et du Livret de développement durable. Contacter son banquier pour connaître les formalités liées à un déménagement à l'étranger est donc très important pour rester en règle.

Les règles douanières qui s'appliquent aux transferts d'argent et de biens, entre la France et le pays d'accueil, sont très strictes et méritent une attention toute particulière. Le futur expatrié, tout comme le voyageur lambda, peut transférer librement de l'argent liquide (sommes, titres ou valeurs) de la France vers l'étranger, quel que soit le pays, sans l'intermédiaire d'un établissement bancaire. Mais il doit déclarer à la douane tout transfert d'une somme de 10.000 €, ou plus (ou son équivalent en devises).

Attention, en cas de non-déclaration ou de fausse déclaration, plusieurs sanctions peuvent être infligées, notamment :
- amende égale à 50 % de la somme sur laquelle a porté l'infraction ou la tentative d'infraction
- confiscation de la totalité des fonds par la douane

Des sociétés internationales de transferts de fonds comme Wise peuvent intervenir auprès des particuliers afin de faciliter tout transfert d'argent vers l'étranger. Elles sont généralement très réactives, permettant parfois suivant les pays de recevoir les fonds le lendemain.

5 – SANTE : Carnet de santé – Assurance Maladie – Protection

Avant le grand départ, il conseillé de vérifier que le carnet de santé de tous les membres de la famille est à jour. Si nécessaire, faire réaliser toutes les vaccinations obligatoires, animaux de compagnie compris.

Du fait de certains délais parfois nécessaires quand il est question de vaccins, ne pas attendre la dernière minute pour consulter un docteur. Il peut être judicieux de faire un check up santé avant de partir.

Si vous prenez un traitement médical, demandez à votre médecin traitant quelques boîtes de médicaments d'avance ce qui vous laissera le temps de trouver un médecin et de vous organiser une fois sur place.

Concernant les droits à l'assurance maladie, lorsqu'un français s'installe à l'étranger, ses droits dépendent du pays de résidence, et du statut de l'intéressé. En fonction de la situation personnelle ou professionnelle de la personne, les démarches à réaliser peuvent varier.

Pour partir serein et bénéficier immédiatement d'une couverture des frais médicaux à l'étranger adaptée, procéder à un comparatif des nombreuses assurances santé pour expatriés, est à considérer minimum 2 mois minimum avant le départ. Souscrire à une assurance rapatriement est vivement conseillé. Elle vous permet d'être assuré en cas de rapatriement sanitaire, maladie grave ou accident.

6 – SCOLARITE DES ENFANTS : Réunir les documents utiles
Regrouper dès que possible les derniers bulletins scolaires de l'enfant ainsi que tout autre document utile. Dans certains pays, la reconnaissance des certificats scolaires auprès des autorités nationales est nécessaire avant de pouvoir inscrire un enfant dans une école locale. Une traduction et/ou légalisation de documents dans la langue du pays d'accueil est parfois demandée.
Post-it : Sous conditions de ressources, il existe un dispositif de bourses scolaires au bénéfice des enfants français scolarisés dans un établissement d'enseignement français à l'étranger. Les dossiers de demande doivent être adressés au consulat du lieu de résidence.

7 – ALLOCATIONS FAMILIALES : Informer du projet d'expatriation, Informer les organismes qui versent les prestations familiales du départ à l'étranger et du changement de situation. Par la suite, les éventuelles allocations relèveront du régime en vigueur du pays d'accueil.

8 – RETRAITE : Comment percevoir sa pension de retraite à l'étranger ?
Pour toucher sa pension à l'étranger, le retraité doit effectuer une demande accompagnée d'un certificat de résidence auprès de la Caisse nationale d'assurance vieillesse (CNAV). Depuis 2019, la retraite française perçue à l'étranger simplifiée : un seul certificat de vie (et éventuellement une attestation de situation maritale) par an pour l'ensemble des régimes.
il faut cotisé la cfe.

9 – ELECTIONS : Le droit de vote est maintenu à l'étranger
Rien de particulier à faire avant le départ. Une fois à l'étranger, pour continuer à voter il est nécessaire de s'inscrire sur la liste électorale consulaire. Prendre contact avec le consulat le plus proche. **Important :** Depuis 2019, il n'est plus possible d'être inscrit simultanément sur la liste d'une commune et sur une liste consulaire. Ainsi, la précédente inscription est automatiquement supprimée une fois inscrit sur une nouvelle liste électorale française. Les français de l'étranger peuvent voter pour les scrutins nationaux et les élections des conseillers consulaires.

10 – CHOMAGE : Prévenir Pôle Emploi

Etre inscrit auprès de Pôle Emploi implique de rechercher un travail de manière active. Les personnes qui perçoivent des allocations chômage, ou l'allocation de solidarité spécifique (ASS), doivent impérativement prévenir Pôle emploi de leur projet d'expatriation avant le départ définitif.

11 – OBLIGATIONS FISCALES : Où payer ses impôts une fois expatrié ?

Changer de pays de résidence ne provoque pas nécessairement un changement de domicile fiscal. Déterminer sa résidence fiscale avant le départ est absolument capital pour connaître ses droits et ses obligations.
On peut retenir que l'imposition dépend du domicile fiscal de l'expatrié. Ainsi, si le domicile fiscal se situe hors de France, l'intéressé est imposable sur ses revenus de source française, sauf exception. En revanche, si son domicile fiscal reste en France, il doit payer l'impôt sur l'ensemble de ses revenus.
C'est le service des impôts des particuliers non-résidents qui informe les candidats à l'expatriation sur leur situation au regard de leur domicile fiscal et les dispositions qui pourraient résulter d'une convention fiscale.

Pour linstant il n'y a pas d'impôt sur le revenu à Dubai, à partir de juin 2023 devrait être mis en place un impot sur les société de 9% à partir de 375000Aed de revenu annuel.

12 – DEMENAGEMENT : Contacter un déménageur professionnel qualifié et anticiper

Faire appel à une entreprise de déménagement qualifiée est la solution la plus sûre lors d'un déménagement à l'étranger. Pour cette étape cruciale d'une expatriation, mieux vaut ne rien laisser au hasard et anticiper les démarches si possible trois à six mois à l'avance pour être prêt le jour J.
Faire réaliser un devis déménagement personnalisé pour mieux comprendre les enjeux budgétaires, mais également logistiques. De nombreuses entreprises de déménagement proposent leurs services à l'international et tout se fait très simplement en ligne en quelques clics. Ce marché étant très concurrentiel, ne pas hésiter à comparer les offres.

13 – COURRIER : Faire suivre sa correspondance

La Poste française propose aux personnes qui partent ponctuellement ou définitivement à l'étranger, une offre temporaire à l'international (environ 150€ pour une durée allant jusqu'à 12 mois)

Les expatriés qui préfèrent conserver une adresse physique en France pour y recevoir courriers et colis peuvent opter pour l'ouverture d'une boîte postale. A nouveau, c'est la Poste qui propose ce service accessible sur l'ensemble du territoire français.

Des solutions de gestion de courrier existent, et des entreprises spécialisées proposent de numériser des documents réceptionnés au nom des personnes en déplacement ou vivant à l'étranger. Ces courriers sont ensuite consultables en ligne via un ordinateur ou un smartphone.

Sachez qu' à dubai il existe un service postal " emirate post " mais les maisons n'ont pas boites aux lettres comme en France , vous verrez très souvent des colis devant les portes des gens, les commandes sont livrés tout le temps et aussi curieux que cela puisse paraitre pour des personnes venant juste d'arriver que vous ayez un colis de petite valeur ou d'une grosse valeur devant votre porte personne ne va y toucher …. ! c'est pas merveilleux ça.

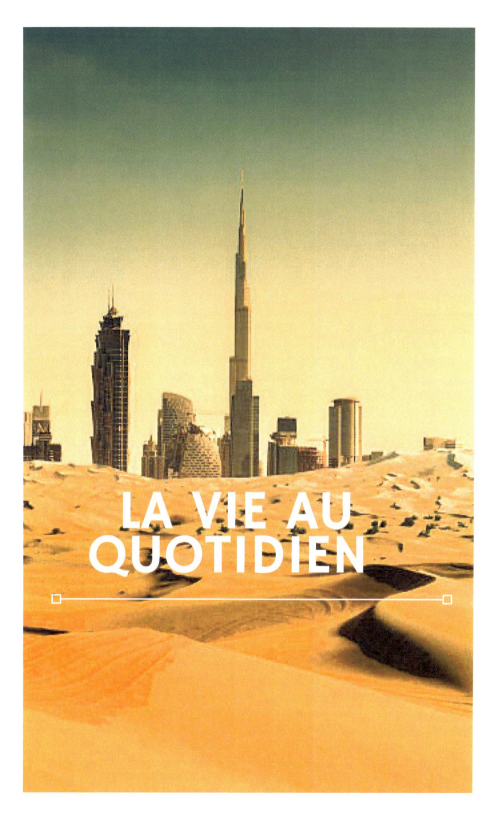

LA VIE AU QUOTIDIEN

LA VIE À DUBAÏ PEUT SEMBLER ONÉREUSE ET LES DÉPENSES SANS FIN, SURTOUT LORSQU'ON Y HABITE AVEC TOUTE SA TRIBU

– Le niveau de vie

Notez cependant qu'à poste égal, les salaires sont généralement plus intéressants qu'en France, sans parler des nombreux avantages, cités plus haut, dont jouissent les expatriés.

Pour autant, la situation a pas mal évolué ces dernières années: s'il n'y a pas d'impôt pour l'instant sur le revenu, il y a de nombreuses taxes déguisées, et une TVA de 5 % (sur l'ensemble des produits et des services) a été mise en place au 1er Janvier 2018.les impots sur les sociétés en mainland arrivent des juin 2023 (9%).

D'une manière générale, les prix ont augmenté notamment dans le secteur alimentaire et le rapport avec l'euro et le dollar est devenu moins avantageux. Conclusion : on peut vivre tout à fait convenablement à Dubaï, mais ce n'est pas un eldorado pour tout le monde, comme on l'entend souvent.

– **Les courses**
Supermarchés, pharmacies, coiffeurs, centres commerciaux… : tout est ouvert tous les jours de la semaine et jusqu'à tard le soir. Certains supermarchés restent ouverts 24h/24h et, souvent, les supérettes de quartier livrent à domicile, sans frais supplémentaire. Notez que certains supermarchés comme Spinneys, Waitrose ou encore Choithram disposent d'une « pork room ». Il s'agit d'une section un peu à l'écart, où les musulmans ne pénètrent pas et où vous pourrez acheter des produits à base de porc.
De plus, de nombreux sites Internet spécialisés dans la vente de produits alimentaires de qualité se sont lancés ces dernières années aux Émirats. Vous trouverez facilement tous les ingrédients dont vous avez besoin pour parfaire vos recettes préférées.

Côté shopping, évidemment, vous ne manquerez de rien, Dubaï étant la ville des centres commerciaux par excellence. Vous trouverez un très grand nombre d'enseignes internationales (presque toutes les marques sont présentes à Dubaï) des marques de luxe aux enseignes plus abordables.

– **La restauration**
Le marché de la restauration connaît un véritable boom depuis environ cinq ans, et toutes les cuisines du monde (ou presque) se sont invitées à la fête. Envie d'un resto libanais ? Péruvien ? Japonais ? Indien ? Français ?

Si vous aimez la variété, vous ne serez pas déçu. Certains restaurants, qui possèdent la licence nécessaire, servent également de l'alcool et du porc. Dans ce cas, le plat porte une mention le précisant.

 Comme pour les courses, la plupart des restaurants proposent la livraison à domicile, parfois à partir d'un certain montant. Ce service est généralement gratuit ou coûte quelques dirhams qui s'ajouteront à la commande.

– **L'alcool**

Pour acheter

Vous pouvez vous procurer de l'alcool dans la section duty-free de l'aéroport. Si vous êtes résident à Dubaï et que vous souhaitez acheter ou consommer de l'alcool chez vous, vous pourrez acheter de l'alcool dans les magasins de l'un des deux distributeurs officiels, MMI ou African + Eastern.

Pour en consommer

Pour pouvoir servir de l'alcool, les bars et restaurants doivent posséder une licence accordée par l'état. C'est généralement le cas des bars/restaurants situés dans les hôtels et des free zones qui possèdent une juridiction indépendante, comme le quartier de DIFC. Vous remarquerez que les prix des boissons sont plus élevés qu'en France, à cause des taxes sur l'alcool et du duopole de distribution.

Attention, Dubaï applique la tolérance zéro alcool au volant. Il est donc préférable d'avoir recours à un taxi ou un VTC lorsque vous rentrez d'une soirée arrosée.

– **La religion**

Les Émirats Arabes Unis est un pays musulman, où État et religion sont indissociables. Vous vous en rendrez vite compte lorsque vous entendrez l'appel à la prière, qui résonne cinq fois par jour depuis les nombreuses mosquées. Néanmoins, le pays et plus particulièrement la ville de Dubaï sont très ouverts aux autres cultures. Les Émirats sont d'ailleurs considérés comme progressistes par rapport à la région du Moyen-Orient, notamment en ce qui concerne le droit des femmes, qui sont tout à fait libres de conduire, de travailler, d'aller où bon leur semble, de ne pas porter le voile ou l'abaya...

Bien entendu, il y a certaines règles à respecter pour faciliter votre intégration : éviter les signes d'affection en public, ne pas porter de tenues indécentes, ne pas boire ou être ivre en public... Il est d'autant plus important de se montrer respectueux pendant le Ramadan, période où charité, piété et humilité sont
à l'honneur.

Vous trouverez également beaucoup de cours de religion pour adulte et enfant le plus souvent gratuitement ou à faible coût et même en français !

— **La communauté francophone**
Si vous vous sentez un peu perdu ou que vous êtes effrayé à l'idée de quitter votre pays natal, soyez rassuré : il y a une grande communauté francophone installée à Dubaï, qui fait souvent preuve de solidarité. Cette entraide s'exprime particulièrement à travers les réseaux sociaux, où de nombreux groupes et associations ont été créés dans le but de favoriser l'échange entre francophones.

Climat
Le climat est bien sûr le grand attrait des Emirats Arabes Unis. D'octobre à mai, le climat est tempéré et le mercure en journée avoisine les 25/30°C. Par contre, de mai à septembre, le thermomètre peut atteindre plus de 45 degrés ! Heureusement, toutes les habitations et locaux commerciaux sont généralement climatisés.
D'après de nombreux expatriés, ce climat favorise l'impression de vacances que l'on peut avoir en résidant sur place, même si l'on en arrive parfois à regretter de ne plus avoir de saisons.

Hébergement
Se loger aux Emirats Arabes Unis en tant qu'expatriés est assez aisé. Vous trouverez pléthore d'offres de logement modernes. La disparité de loyer est forte entre les émirats, mais dans l'ensemble l'offre immobilière reste stable (et, comme cité plus haut, votre employeur peut intégralement ou en partie prendre en charge votre loyer).
Pour vous loger, vous aurez le choix entre de grands immeubles en centre-ville, ou encore des "compounds"(lotissement), des regroupements de villas en périphérie de la ville proposant des prestations améliorées, comme une piscine ou des équipements sportifs.
Les baux locatifs sont signés et payés pour un an. Néanmoins , il est possible de négocier avec votre propriétaire en paiement en deux à quatre fois, par chèque. La climatisation est desfois comprise dans le loyer (dans certaine tour), vous devrez payer votre consommation d'eau, d'électricité ainsi qu'une taxe locale de 5% du montant de votre loyer.

A Dubaï, les quartiers résidentiels se trouvent dans les quartiers de Umm Suqueim, Sheikh Zayed Road, Arabian Ranches, Barsha, Emirates Hills ou encore Jumeirah.

Attention, aux Emirats Arabes Unis la colocation n'est pas officiellement autorisée, notamment pour les personnes de sexe opposé non mariées.

Avant 2021 pour un bail locatif, un couple devait donc obligatoire être marié pour partager un logement, cela à depuis changé, c'est désormais autorisé de vivre sous le même toit sans être marié, attention par contre si vous souhaitez avoir des enfants pour toute déclaration de grossesse auprès de votre médecin, vous devez être marié.

Vie sociale

Dans un pays qui regroupe tant de nationalités, la vie sociale s'organise assez aisément, et il est facile de se faire de nouveaux amis. Il existe de nombreux groupes d'expatriés, par nationalité ou secteur d'activité, ou encore par lieu de résidence. Vous trouverez certainement votre bonheur ! A Dubaï et Abu Dhabi, la vie nocturne est très animée. Vous y trouverez des restaurants de toutes les nationalités et pour tous les types de budget.

Éducation

L'éducation aux Emirats Arabes Unis représente un coût non négligeable, même pour les plus petits de vos bambins. La société qui vous emploie peut parfois participer au coût de l'enseignement de vos enfants.

Les cours commencent tôt le matin (vers 7h45) et se terminent entre 13 et 15h, ce qui laisse beaucoup de temps libre l'après-midi pour des activités extrascolaires.

Dubaï propose différentes offres d'établissements français ou internationaux.

Certaines, victimes de leur succès, n'acceptent de nouveaux étudiants que sur liste d'attente. Nous vous conseillons donc de commencer vos démarches le plus rapidement possible, pour mettre toutes les chances de votre côté pour intégrer votre enfant à l'établissement de votre choix.

La santé aux Emirats Arabe Unis:

Les soins médicaux aux Emirats Arabes Unis sont de très bonne qualité et les infrastructures hospitalières de premier plan, et vous y serez remarquablement bien soigné. Néanmoins, cette excellence à un prix : les dépenses relatives à la santé sont extrêmement chères.

Une consultation de médecin généraliste vous coûtera au grand minimum 500aed soit à peu près 130 euros tandis qu'une consultation de médecin spécialiste oscillera entre 600 et 800 aed soit euros à peu près 180 € selon les cas.

Il est donc très important d'être bien couvert, surtout si vous avez l'intention de passer par des hôpitaux ou cliniques privés.

La couverture médicale est obligatoire pour travailler aux Émirats Arabes Unis, elle est le plus souvent incluse dans le package proposé par votre employeur. Les expatriés désirant souscrire une assurance santé ne peuvent le faire qu'auprès d'assureurs locaux homologués. Un peu sur le principe de l'Obamacare aux Etats-Unis, les assurances santé doivent être commercialisées par un assureur local pour être valables.
Nous détaillerons plus tard cet aspect.

Vous avez maintenant en main toutes les informations nécessaires pour envisager votre expatriation aux Émirats Arabes Unis !
Les Émirats arabes unis sont l'une des juridictions les plus attrayantes au monde. Il offre divers avantages pour les entreprises et les entrepreneurs, mais également à des fins de résidence.

Assurance santé :

Vous préparez encore votre expatriation et vous cherchez à vous renseigner sur l'assurance santé à l'étranger ?
Découvrez l'essentiel à savoir pour bien s'assurer en 5 questions-réponses.
Voici un exemple avec l'assurance April ci dessous, vous pouvez faire un devis également pour la CFE, Bupa, Axa...

1. Comment choisir une couverture adaptée pour son expatriation ?

Pour opter pour le niveau de couverture et les garanties les plus adéquates, interrogez-vous sur les points suivants :
- le coût des soins à Dubai , tres élévé.
- Le nombre de personnes à assurer,
- l'existence de problèmes de santé connus,
- vos besoins connus ou probables en matière d'optique-dentaire,
- la probabilité d'avoir besoin d'une garantie maternité,
- le budget que vous pouvez consacrer à votre assurance expatrié.

En faisant cet exercice, vous saurez plus facilement identifier la formule qu'il vous faut et composer une couverture santé au plus près de vos besoins. Cela vous permettra également de simuler le coût de votre assurance expatrié.

2. Comment obtenir le remboursement de ses dépenses de santé ?

Vous souhaitez être vite et bien remboursé ! Chez APRIL, on l'a bien compris. Pour garantir des remboursements santé sans paperasse, les demandes s'effectuent depuis une application mobile : Easy Claim. Il suffit d'envoyer ses factures et prescriptions médicales en quelques clics. La demande de remboursement est alors traitée sous 48 heures.

3. Comment fonctionne l'assurance expatrié en cas d'hospitalisation ?

Une hospitalisation, c'est stressant. L'assurance expatrié est là pour vous accompagner pendant cette période délicate. Avec APRIL International, vous n'avancez jamais d'argent en cas d'hospitalisation. Qu'elle ait lieu en urgence ou qu'elle ait été programmée, c'est APRIL qui règle la facture !

4. Quels services peuvent-être inclus dans une assurance expatrié ?

En matière d'assurance, ne vous arrêtez pas uniquement sur les garanties, car ce sont souvent les services qui font vraiment la différence.

Pensez à vérifier les points suivants :
- Est-ce qu'un service de téléconsultation médicale est proposé, sans coûts additionnels et sans limite dans le nombre d'utilisations ?
- Existe-t-il un service de tiers-payant ?
- Est-ce que la carte assurée est digitalisée ?
- Est-ce que toutes les démarches liées à l'assurance sont réalisables en ligne ?

Avec l'assurance expatrié APRIL, tous ces services sont inclus !
- La téléconsultation est gratuite et illimitée.
- Les expatriés aux USA bénéficient d'un service de tiers-payant.
- La carte assuré est disponible au format Wallet.
- Vous pouvez gérer votre assurance depuis l'appli Easy Claim.

COMMENT S'HABILLER À DUBAÏ ?

VOICI DES QUESTIONS QUE L'ON NOUS A SOUVENT POSÉES LORS DE PRÉPARATION DE SÉJOURS POUR LES ÉMIRATS ARABES UNIS. COMMENT M'HABILLER LORS DE NOTRE SÉJOUR À DUBAÏ ? QUE DOIS-JE EMMENER ? QUELLES RESTRICTIONS ?

La tenue nationale des Émirats Arabes Unis :

Si la majorité des habitants sont musulmans, Dubaï est aussi une ville d'expatriés et les habitants ont donc l'habitude d'être confrontés à des étrangers avec d'autres coutumes que les leurs.

L'idée que l'on se fait depuis l'Occident est souvent embrouillée entre l'image d'une ville de tous les excès et d'un islam strict. En réalité, la manière dont vous pouvez vous vêtir dépend surtout de l'endroit où vous vous trouvez dans la ville.

L'habit traditionnel des femmes des Émirats Arabes Unis, est une » Abaya », une longue robe noire qu'elles portent par-dessus leurs vêtements.

Même s'il n'est pas obligatoire de porter une » Abaya «, la plupart des femmes émiraties les portent.

Elles rivalisent d'élégance, vous verrez également certaines femmes cachent leur visage par d'un voile noir qui couvre leur nez et leur bouche, ne laissant apparaître que leurs yeux.

Les hommes portent un long vêtement ample en coton appelé kandora ou dishdasha.

Un ghutra couvre leur tête et est tenu en place grâce à l'agal, un cordon noir.

Quelle tenue pour aller à la plage ? Dans les Malls ?

01

Comment s'habiller pour aller à la plage à Dubaï ?
La question que se posent nombre de visiteurs étrangers à une réponse toute simple.
En fait, c'est très simple, Slip de bain ou caleçon pour les hommes, maillot de bain une ou deux pièces, burkini autorisé pour les femmes.
Burkini autorisé dans les parcs aquatique, plages, … sauf certaines plages privées.
Dans des Émirats plus conservateurs, il faudra éviter de se mettre en maillot de bain comme à Dubaï.

02

Les centres commerciaux affichent à l'entrée leur politique en matière d'habillement : épaules et genoux couverts.
Mais on peut voir sur l'affichage que la tenue vestimentaire n'est pas mise du côté des règles, et qu'elle est juste suggérée.
Les cardigans sont parfaits pour couvrir les épaules aussi – et la climatisation dans les centres commerciaux et les cinémas peut parfois en grand décalage avec l'extérieur, vous serez ravi d'avoir pris une étole ou cardigan.

NOUS VOUS INVITONS À ÊTRE RESPECTUEUX DE LA RELIGION DU PAYS ET DE LEURS COUTUMES ET DE PRÊTER UNE ATTENTION PARTICULIÈRE À VOTRE COMPORTEMENT DANS LA VILLE.

03

Et pour la visite de la Grande Mosquée ?
Enfin, la visite des mosquées impose une tenue plus stricte, avec bras, jambes et tête couvertes.
Et cette fois, on ne s'arrête pas aux bras et aux épaules, lors de la visite de la mosquée Cheikh Zayed d'Abu Dhabi, si votre tenue est jugée non conforme sur place, ils vous prêteront homme comme femme des tenues traditionnelles.(les enfants eux n'ont pas de consignes particulières).

JE SUIS UNE FEMME, COMMENT DOIS-JE PRÉVOIR DE M'HABILLER À DUBAÏ ? DOIS-JE PORTER LE VOILE ?

VOUS VERREZ VITE DANS LES CENTRES COMMERCIAUX ET SUR LA PLAGE DES TOURISTES HABILLÉS COMME CHEZ EUX : PETIT SHORT, JUPE COURTE, DÉBARDEUR…

Si les Dubaïotes font bonne figure devant ces modes vestimentaires, elles sont pourtant peu appréciées et un peu de décence est la bienvenue, par respect pour leur tradition.
Vous ne devez pas être voilée, évitez les vêtements trop court, trop moulant ou transparent.

Notez donc que si à Dubaï les habitants s'habituent, doucement, à des tenues moins strictes des touristes occidentaux, quand vous sortez de la ville les coutumes sont encore fort ancrées et il vous faudra adapter votre tenue.

Le voile ne sera nécessaire, si vous n'êtes pas musulmane, que pour entrer dans les mosquées et lieux de culte. Pour le reste, si votre tenue est correcte, il n'est pas utile d'emporter un foulard ou voile dans vos valises, à part pour la climatisation forte, dans l'avion , et ici dans les restaurants et magasins.

Dubaï a un code vestimentaire basé sur le respect de la culture et de la religion .

Le naturisme, le topless et les strings n'ont en revanche pas leur place ici, de même que les gestes inappropriés avec sa moitié.

LE RAMADAN À DUBAÏ

LE RAMADAN À DUBAÏ

LORSQU'ON ENVISAGE UN SÉJOUR À DUBAÏ, LA QUESTION QUE L'ON SE POSE AUSSI SOUVENT EST DE SAVOIR CE QU'IL EN EST DES EXIGENCES OU RESTRICTIONS EN CE QUI CONCERNE LA VIE AU QUOTIDIEN À DUBAÏ PENDANT LA PÉRIODE DU RAMADAN.

À propos du Ramadan :
L'islam est la religion d'État dans les Émirats Arabes Unis et le Ramadan observé par les musulmans du monde entier, fait partie des cinq piliers de l'islam ; c'est la période la plus sacrée de l'année.

Le Ramadan marque l'époque où le Coran a été révélé pour la première fois au prophète Mahomet, c'est une période propice à la prière, à la réflexion et à la dévotion religieuse pendant laquelle les musulmans du monde entier jeûnent.

Le jeûne commence dès les premières lueurs de l'aube jusqu'au coucher du soleil.

Les enfants, les personnes âgées, les femmes enceintes ou qui allaitent, les malades ainsi que tous ceux dont le jeûne pourrait mettre leur santé en péril sont dispensés de faire le jeûne pendant le Ramadan ; ces personnes peuvent continuer à boire et manger tout en observant une certaine discrétion. La rupture du jeûne est au coucher du soleil

Quelles sont les dates du Ramadan ?
Il est assez difficile d'indiquer longtemps à l'avance une date fixe du Ramadan sur le calendrier grégorien, car les dates du Ramadan sont déterminées par rapport au calendrier lunaire Hégirien (islamique) ; or celui-ci est basé sur les mouvements de la lune.

Tous les ans en repères, nous avons des dates approximatives, les dates du Ramadan sont décalées d'environ neuf à onze jours d'année en année conformément au calendrier Hégirien.

Comme tous les ans, ce ne serait que la veille que l'on connaîtra le jour exact de début du Ramadan à Dubai, basé sur l'observation du premier croissant de lune d'après la tradition islamique.

Quelles sont les pratiques à observer et le règle de bonne conduite :

Si vous voyagez à Dubaï pendant le Ramadan
Ouverture des restaurants et cafés durant le Ramadan à Dubaï, Même s'il y a encore quelques années, tous les restaurants à Dubaï avaient ordre de fermer durant la journée, les règles se sont maintenant allégées, permettant ainsi aux touristes et aux résidents locaux ne jeûnant pas de pouvoir continuer à prendre leurs repas normalement durant le mois du Ramadan à Dubaï.

Les restaurants aménagent également des espaces fermés afin de ne pas perturber les jeûneurs durant la journée. Les services de livraison à domicile fonctionnent également de manière normale durant le mois de Ramadan à Dubaï.

Les bonnes pratiques à adopter pour touristes pendant le mois de Ramadan à Dubaï :

Par respect pour l'hôte et le pays qui nous accueille, il est attendu des touristes non musulmans qu'ils adoptent également les mêmes aptitudes durant le Ramadan, c'est-à-dire que quelque soit votre religion, vous devez respecter l'obligation de jeûne en public durant toute la durée de votre séjour : ne pas manger, boire ni fumer dans des lieux publics.

La plupart des restaurants dans les hôtels et les Food courts des centres commerciaux notamment restent ouverts pendant cette période, ils continuent à servir les clients dans des salles aménagées, quelquefois recouvertes par des paravents ou des rideaux et à l'abri des regards.

Pour ce qui est de votre comportement en public, vous devez rester discrets et respectueux (comme le reste de l'année).

Et habillez-vous avec des vêtements plus décents à l'égard d'un pays musulman (nous y reviendront plus tard dans ce livre).

Vous devrez vous abstenir de manger, fumer, boire en public, du lever au coucher du soleil, Cela inclut également dans votre voiture ou dans les transports publics ou taxis.

Que faire pendant le mois de Ramadan à Dubaï ?

D'un point de vue touristique, les activités pratiquées à Dubaï continuent d'opérer normalement à Dubaï durant le mois de Ramadan.
Retrouvez toutes les activités à faire à Dubaï sur dubaiorganizer.com. Vous pourrez par ailleurs trouver de nombreuses promotions et offres durant les centres commerciaux et boutiques de Dubaï, durant le mois de Ramadan.

Visiter Dubaï pendant la période du Ramadan n'est pas un obstacle, même si la pratique du jeûne peut être une expérience inhabituelle pour les non-musulmans, cela reste une période de fête.

TROUVER UN LOGEMENT À DUBAI

UNE FOIS VOTRE VISA EN POCHE, L'AUTRE ÉTAPE ESSENTIELLE EST DE TROUVER UN LOGEMENT DANS CETTE GIGANTESQUE MÉGALOPOLE. ET CE N'EST PAS LES OFFRES QUI MANQUENT !

Comment trouver son logement à Dubai ? un récapitulatif de tous les éléments et démarches administratives à prendre en compte afin d'aborder votre recherche le plus efficacement et sereinement possible ! Il faut savoir que beaucoup de choses diffèrent par rapport à la France :

— Le contrat

La location se présente la plupart du temps sous la forme d'un contrat de 1 an, qu'il faudra payer à l'avance. Le marché de l'immobilier locatif étant actuellement à la baisse, de plus en plus de propriétaires acceptent le paiement du loyer en plusieurs chèques (1 à 4 chèques). et vous signe un Ejari (obligatoire !!) s'il ne veut pas fuyez.
Dubaï abrite une grande communauté d'expatriés venant de différentes parties du monde. Si vous êtes nouveau dans l'émirat et que vous recherchez un logement à long terme à Dubaï, vous devez vous familiariser avec les terminologies utilisées en matière immobilière. L'un de ces termes courants est « Ejari » - un programme géré par le gouvernement pour réglementer tous les contrats de location à Dubaï. Nous avons rassemblé ce guide complet de tout ce que vous devez savoir à ce sujet. Jetons un coup d'œil, en commençant par les bases et en progressant vers les subtilités.

QU'EST-CE QU'EJARI ?
Le mot «Ejari» se traduit littéralement par «Mon loyer» en arabe. Le système Ejari à Dubaï est une initiative RERA en vertu des dispositions de la loi n° 26 de 2007.

La loi stipule que tous les contrats de location de propriétés à Dubaï doivent être enregistrés en ligne via le portail officiel, un système de pointe construit protéger les droits des propriétaires et des locataires de la ville.

Qu'est-ce qu'ejari, enregistrer ejari à Dubaï:
Le système a été introduit en 2007.
Il fait partie intégrante de la location d'une propriété à Dubaï de s'assurer que les contrats de location sont rédigés dans un document juridiquement contraignant structuré dans un format approuvé par le gouvernement.
Ce système enregistre également officiellement les loyers convenus, de sorte que les propriétaires ne peuvent pas augmenter le loyer sans discernement lorsqu'il est temps de renouveler le contrat de location à Dubaï. C'est le moment idéal pour les locataires de décider s'ils sont satisfaits ou non de leur arrangement actuel.

PRINCIPAUX AVANTAGES DU SYSTÈME EJARI
En plus de s'assurer que toutes les transactions de location dans l'émirat sont claires et transparentes, la mise en place du système Ejari présente plusieurs autres avantages :
En tant que locataire, cela peut vous aider à effectuer la vérification des antécédents requise sur le propriétaire et la propriété en demandant des données historiques pour être plus au courant des arrangements dans lesquels vous vous engagez.
Il n'y a pas de place pour la fraude ou la falsification de documents par le propriétaire ou le locataire, ce qui clarifie à nouveau s'il y a un conflit à l'avenir. Il aide à réprimer le logement illégal et l'exploitation déloyale sur le marché immobilier. Le système assure une relation harmonieuse entre les propriétaires et les locataires.

INSCRIPTION EJARI : COMMENT S'INSCRIRE À EJARI À DUBAÏ
La responsabilité d'enregistrer Ejari incombe à la fois au locataire et au propriétaire, mais dans la plupart des cas, c'est le locataire ou l'agent immobilier qui termine le processus. Assurez-vous de répondre à toutes les exigences Ejari pour enregistrer votre contrat à Dubaï !

Il existe deux méthodes pour s'inscrire. Soit vous pouvez le faire en ligne via le portail Ejari et l'application de repos de Dubaï, soit en vous rendant dans l'un des centres agréés Ejari.

Notez également que les membres de la famille et les cooccupants séjournant dans une maison pendant un mois ou plus doivent également être enregistrés. Selon une annonce récente de DLD de été 22022, le locataire principal doit ajouter des informations sur tous les autres résidents. Vous pouvez enregistrer des cooccupants à Dubaï via l'application REST.

PAR LE BIAIS DES CENTRES DE SYNDICATS DE SERVICE IMMOBILIER

Voici comment vous pouvez enregistrer votre contrat de location via des centres de syndic de services immobiliers ou des centres de dactylographie à Dubaï.
   Visitez l'un des centres près de chez vous.
   Téléchargez les documents nécessaires.
   Saisissez les données de transaction dans le système, qui est ensuite vérifié et approuvé.
   Payez les frais.
   Reçoit le contrat et le certificat d'enregistrement du contrat.

DOCUMENTS REQUIS

Lorsque vous postulez par l'intermédiaire de l'un des centres, vous devez soumettre les documents suivants :
   Un contrat de location
   Une copie de la carte d'identité Emirates (L'ID), du passeport, de la licence commerciale ou de la procuration (le cas échéant) du locataire.
   Une lettre du propriétaire indiquant le numéro du compteur (s'il y a des compteurs d'électricité partagés).
   Un formulaire d'engagement de la validité des données (si enregistré par l'intermédiaire de syndics de services immobiliers).
   Reçu de dépôt de garantie
   Licence commerciale pour les propriétés commerciales.

VIA LES PLATEFORMES EN LIGNE

Pour enregistrer Ejari en ligne, vous pouvez utiliser les plateformes suivantes.

Système Ejari (site Web du Département foncier de Dubaï
Application REST de Dubaï
Application Dubaï Now

INSCRIPTION VIA L'APPLICATION DUBAI REST
Les locataires peuvent enregistrer leurs contrats de location via l'application Dubai REST. Le processus d'inscription est comme ci-dessous.
  Téléchargez l'application Dubaï REST
  Rendez-vous dans la rubrique "Services"
  Sélectionnez RERA
  Optez pour le 'Register Ejari Contract'
  Remplissez les champs obligatoires
  Téléchargez les documents et soumettez
FRAIS D'INSCRIPTION EJARI

Si vous vous inscrivez via l'application, les frais totaux sont de 175 AED. AED 155 pour l'inscription (hors TVA), Frais de connaissance AED 10 AED 10 Frais d'innovation.
Alors que, lors de l'inscription via les centres de syndics de services immobiliers, cela s'élève à 239,75 AED au total. 219,75 AED (TVA incluse) Frais de connaissance AED 10 AED 10 Frais d'innovation

POURQUOI AVEZ-VOUS BESOIN D'UN CONTRAT EJARI ?
Chaque fois que vous signez un nouveau contrat de location à Dubaï, vous devez également remplir un enregistrement Ejari. Il s'agit d'une exigence obligatoire pour plusieurs autres formalités associées, pas seulement par la RERA. Voici quelques choses que vous ne pouvez pas faire avec un certificat.

   Pour les visas de séjour, les nouvelles demandes et les renouvellements
   Pour obtenir une connexion téléphone/télévision/internet
   Obtention d'une licence commerciale
   Employant du personnel de maison
   Obtention d'un permis d'alcool
   Branchement électricité et eau

FAQ

Qui est responsable de l'enregistrement d'Ejari ?

Les locataires et le propriétaire d'une propriété sont responsables de l'enregistrement une fois que le contrat de location a été conclu. Cependant, c'est généralement l'agence ou les locataires qui s'occupent de l'enregistrement et supportent les frais associés.

Contrat

Vous devez annuler votre ancien contrat Ejari sur une propriété pour en enregistrer un nouveau

Comment télécharger un certificat Ejari ?

Pour télécharger un certificat Ejari : Visitez dubailand.gov.ae, Ajoutez votre numéro de contact, puis ajoutez un « numéro de site DEWA » ou un « numéro de municipalité ». Cliquez sur "Télécharger le PDF".

Qu'est-ce qu'un nombre Ejari ?

Une fois que le contrat de location est enregistré dans le système, vous recevez un numéro unique - familièrement connu sous le nom de numéro Ejari.

À quelle fréquence dois-je renouveler l'Ejari et quelle est la procédure pour le faire ?

Le renouvellement d'Ejari est requis chaque fois que vous renouvelez le contrat de location de votre appartement ou villa à louer à Dubaï, ce qui dans la plupart des cas sera une fois par an. Vous pouvez renouveler le contrat en ligne en soumettant tous les documents de renouvellement Ejari requis.

Selon la réglementation RERA en vigueur, il n'est pas possible de s'inscrire auprès d'Ejari si les contrats précédents ne sont pas déjà enregistrés. Donc, si vous avez manqué l'enregistrement d'un contrat de location antérieur avec Ejari, vous devez le faire en premier.

Est-il possible pour les locataires d'enregistrer eux-mêmes le contrat ?

Seuls les propriétaires, leurs représentants, les sociétés de gestion immobilière et leurs employés peuvent créer un compte Ejari :

Si vous êtes un propriétaire ou un agent immobilier qui ouvre un compte Ejari, vous devrez suivre une formation obligatoire d'une journée à RERA.

Après avoir reçu ce certificat de formation, vous devez visiter le département foncier de Dubaï et terminer l'enregistrement pour un compte Ejari.

Après avoir terminé la formation, votre compte sera activé par RERA et votre nom d'utilisateur et votre mot de passe vous seront envoyés par e-mail dans les 2 jours ouvrables.

Comment résilier un contrat Ejari ?

Il est important d'annuler l'Ejari dès que votre locataire déménage. C'est la responsabilité du bailleur. Conformément à la loi RERA, il ne devrait y avoir qu'un seul enregistrement par propriété. Si l'Ejari précédent n'a pas été annulé, le locataire suivant ne pourra pas s'inscrire. Voici comment un propriétaire peut annuler Ejari à Dubaï.

Est-il possible d'obtenir Ejari pour un appartement hôtel à Dubaï ?

Oui c'est le cas. Selon les autorités, les locataires d'appartements hôteliers doivent soumettre leurs documents de location au GDRFA au lieu du Département foncier. Vous devez également obtenir une lettre de l'hôtel indiquant que vous êtes locataire d'une chambre à l'hôtel et précisant le loyer annuel que vous paierez. En dehors de cela, vous devrez également produire votre passeport et une facture DEWA.

Il est important de connaître les lois sur la location RERA avant de signer votre contrat de location à Dubaï. Restez à l'écoute pour les dernières mises à jour sur les lois immobilières, les contrats de location et les accords de location aux EAU.

LES AUTRES ASPECTS DU LOGEMENT

– Les infrastructures

Les logements sont généralement plus spacieux qu'en France. Autre avantage : la plupart des appartements situés dans des tours ainsi que les villas situées dans des résidences sont équipés d'une piscine et d'une salle de sport (tapis de course, vélo d'intérieur, équipements de musculation...). A noter que cela n'est pas forcément le cas pour les maisons individuelles.

– Le courrier

A Dubaï, le facteur ne passera pas chez vous, et pour cause : il n'y a pas de boîte aux lettres ! Pour recevoir du courrier, vous avez deux solutions : le faire parvenir à votre entreprise, qui est sans doute dotée d'une P.O. Box (boîte postale), ou louer votre propre P.O. Box. Vous pourrez trouver comment procéder sur le site d'Emirates Post. ou bien donné votre adresse et le coursier vous appellera avant d'arriver chez vous.

– L'eau et l'électricité

Lorsque vous devenez locataire, vous devez ouvrir le réseau d'eau et d'électricité local, DEWA. Vous devrez vous acquitter mensuellement de votre facture. Cette dernière comprend à la fois votre consommation en eau et électricité mais aussi la taxe d'habitation municipale qui représente 5 % de votre loyer annuel.

– La colocation

Officiellement, la colocation n'est pas autorisée, qu'elle soit entre amis ou entre deux individus en couple et non mariés. Si c'est une pratique assez courante, en partie parce qu'elle rend les loyers plus avantageux, sachez qu'elle reste illégale et que vous vous exposez à des sanctions.

LE PRIX DES LOYERS À DUBAI

LE PRIX DES LOGEMENTS À DUBAI

À DUBAI, LES PRIX DES LOYERS SONT ANNONCÉS À L'ANNÉE. LE MARCHÉ ÉTANT À LA HAUSSE DEPUIS QUELQUES MOIS, CEPENDANT DE NOMBREUX PROPRIÉTAIRES ACCEPTENT DÉSORMAIS UN PAIEMENT EN PLUSIEURS CHÈQUES (DE 1 À 4 CHÈQUES).

Il est à noter que le montant des loyers varie en fonction du quartier, de la qualité des infrastructures proposées et de la vue. Les prix sont donnés pour des logements non meublés.

• Le prix des loyers pour un appartement studio :

Business Bay entre 40k et 48K AED/an
Downtown entre 50K et 65K AED/an
DIFC entre 45K et 80K AED/an
Dubai Hills Estate entre 60K et 65K AED/an
Dubai Marina entre 40K et 85K AED/an
Green community entre 30K et 35K AED/an
IMPZ (Dubai Production) entre 25K et 35K AED/an
JBR entre 50K et 60K AED/an
JLT entre 35K et 45K AED/an
Jumeirah - Umm Suqeim entre 30K et 55K AED/an
JVC entre 25K et 45K AED/an
JVT entre 25K et 35K AED/an
Mirdif entre 29k et 36K AED/an
Motor city entre 33K et 35K AED/an
Oud Metha - Al Garhoud à partir de 35K AED/an
Palm Jumeirah entre 60K et 75K AED/an
Silicon Oasis entre 20K et 30K AED/an
Sport city entre 22K et 28K AED/an
The Greens entre 42K et 75K AED/an

- **Le prix des loyers pour un appartement 1 bedroom :**

Bluewaters entre 135K et 155K AED/an
Business Bay entre 45K et 110K AED/an
DIFC entre 60K et 65K AED/an
Downtown entre 60K et 145K AED/an
Dubai Hills Estate entre 65k et 85k AED/an
Dubai Marina entre 50K et 150K AED/an
Green community entre 45K et 65K AED/an
JBR entre 75K et 120K AED/an
JLT entre 45K et 85K AED/an
Jumeirah entre 50K et 135K AED/an
Jumeirah Island entre 35k et 45K AED/an
JVC entre 35K et 85K AED/an
JVT entre 38K et 50K AED/an
Mirdif entre 40K et 50K AED/an
Motor city entre 40K et 55K AED/an
Oud Metha - Al Garhoud entre 45K et 75K AED/an
Palm Jumeirah entre 80k et 150k AED/an
Silicon Oasis entre 30K et 45K AED/an
The Greens entre 50K et 90K AED/an

- **Le prix des loyers pour un appartement 2 bedroom :**

Bluewaters entre 200K et 260K AED/an
Business Bay entre 75K et 150K AED/an
DIFC entre 75K et 100K AED/an
Downtown entre 100K et 210K AED/an
Dubai Hills Estate entre 120k et 190k AED/an
Dubai Marina entre 75k et 220k AED/an

Green community entre 80K et 100K AED/an
JBR entre 90K et 360K AED/an
JLT entre 60K et 130K AED/an
Jumeirah entre 160K et 200K AED/an
JVC entre 45K et 85K AED/an
JVT entre 45K et 85K AED/an
Mirdif entre 58k et 80K AED/an
Motor city entre 60K et 110K AED/an
Oud Metha - Al Garhoud entre 60K et 100K AED/an
Palm Jumeirah entre 100k et 220k AED/an
Silicon Oasis entre 45K et 70K AED/an
The Greens entre 50K et 90K AED/an

- **Le prix des loyers pour un appartement 3 bedroom :**
Bluewaters entre 350K et 435K AED/an
Business Bay entre 115K et 185OK AED/an
DIFC entre 250K et 330K AED/an
Downtown entre 130K et 320K AED/an
Dubai Hills Estate entre 180k et 250k AED/an
Dubai Marina entre 90k et 180k AED/an
Green community entre 125K et 135K AED/an
JBR entre 125K et 330K AED/an
JLT entre 90K et 125K AED/an
Jumeirah entre 195k et 250k AED/an
JVC entre 85K et 140K AED/an
Mirdif entre 82K et 90K AED/an
Motor city entre 115K et 165K AED/an
Oud Metha - Al Garhoud entre 90K et 120K AED/an
Palm Jumeirah entre 170k et 290k AED/an
Silicon Oasis entre 72K et 90K AED/an
Sport city entre 80K et 100K AED/an
The Greens entre 100K et 150K AED/an

- **Le prix des loyers pour un appartement 3-4 bedroom :**
Business Bay entre 130K et 420K AED/an
Downtown entre 200K et 335K AED/an
Dubai Marina entre 125K et 230K AED/an
JBR entre 170K et 270K AED/an
JLT entre 135K et 180K AED/an
Palm Jumeirah entre 400K et 460K AED/an
The Greens entre 160K et 200K AED/an

- **Le prix des loyers pour une villa 2 bedroom :**
Le marché de la location de villa donne lieu à de gros écarts de prix suivant leur qualité et les prestations proposées : individuelle ou dans un « compound », taille du jardin, piscine privée ou partagée, ou date de la dernière rénovation (s'il y en a eu une) … sont donc autant d'éléments à prendre en compte.
JVT entre 130K et 145K AED/an
Springs entre 85K et 130K AED/an

• **Le prix des loyers pour une villa 3 bedroom :**
villanova entre 120k et 190k AED/an
Arabian Ranches entre 120K et 220K AED/an
Dubai Hills Estate entre 220k et 230k AED/an
Jumeirah entre 130K et 175K AED/an
JVT à partir de 157K AED/an
Meadows à partir de 275K AED/an
Mirdif entre 70K et 130K AED/an
Silicon Oasis entre 150K et 170K AED/an
Springs entre 130K et 250K AED/an
Sustainable City entre 170K et 200K AED/an
The Lakes entre 200K et 230K AED/an
Umm Suqeim entre 150K et 250K AED/an
Pour damac hills 2 entre 65/115k/an
Townsquare entre 120 et 130k/an

• **Le prix des loyers pour une villa 4 bedroom :**
villanova entre 200k et 240K AED/an
Arabian Ranches entre 200K et 280K AED/an
Dubai Hills Estate entre 230K et 320k AED/an
Green Community entre 160K et 210K AED/an
Jumeirah entre 150K et 400K AED/an
JVT entre 200K et 260K AED/an
Meadows entre 300K et 320K AED/an
Mirdif entre 80K et 150K AED/an
Palm Jumeirah entre 500K et 1.6M AED/an
Sustainable City entre 180K et 210K AED/an
The Lakes entre 250K et 300K AED/an
Umm Suqeim entre 150K et 385K AED/an

• **Le prix des loyers pour une villa 5 bedroom :**
Arabian Ranches entre 230K et 360K AED/an
Dubai Hills Estate entre 260K et 350k AED/an
Green Community entre 190K et 220K AED/an
Jumeirah entre 150K et 950K AED/an
Jumeirah Golf Estate entre 550K et 850K AED/an
Meadows entre 275K et 450K AED/an
Mirdif entre 95K et 220K AED/an
Palm Jumeirah entre 600K et 2.3M AED/an
Silicon Oasis entre 175K et 190K AED/an
Umm Suqeim entre 250k et 500K AED/an

LE LOGEMENT
FRAIS ASSOCIÉS

LE LOGEMENT FRAIS ASSOCIÉS

Le logement / La collocation à Dubai:
Même si c'est une pratique assez courante, en partie parce qu'elle rend les loyers plus avantageux, sachez que pour partager un appartement, vous devez obtenir l'autorisation du propriétaire. .
  – Loyer en collocation : prévoir entre 3000 AED et 6000 AED minimum.
  – Les quartiers prisés pour de la collocation sont : Dubai Marina – JLT – UMM SUQEIM – DOWNTOWN – DIFC.

Lors de la location de votre habitation, vous devez prévoir les frais supplémentaires suivants :

– Caution (deposit) : 5 % pour un bien non meublé et 10 % pour un bien meublé.
– Frais d'agence : 5 % du montant annuel de la location + 5 % TVA
• Les charges du logement/DEWA + énergies :
DEWA ou Dubai Electricity and Water Authority est l'unique fournisseur d'eau et d'électricité de la ville. Votre facture mensuelle DEWA inclut également une taxe d'habitation municipale représentant 5 % de votre loyer annuel, dont le montant global est réparti mensuellement.

– Taxe d'habitation mensuelle : 5 % du montant annuel de la location divisée par 12. Par exemple avec un loyer à 130 000 AED, la taxe s'élève à 540 AED/mois. Par exemple avec un loyer à 240 000 AED la taxe s'élève à 1 000 AED/mois.
– La consommation d'eau et d'électricité varie selon votre consommation mais aussi en fonction de la taille de votre habitation, de son ancienneté, de la saison (utilisation de la climatisation) … A noter qu'elle peut parfois être comprise dans le loyer (en appartement).

la facture globale DEWA peut donc varier de 700 à 4 000 AED/mois.

• **Internet + TV + téléphonie :**
Les 2 opérateurs historiques (DU et Etisalat) possèdent encore le monopole sur le marché local des box Internet et TV mais Virgin Mobile vient de faire son entrée dans le secteur de la téléphonie. Le budget mensuel pour les télécommunications reste élevé malgré l'arrivée de ce nouvel acteur sur le marché.

Vous ne trouverez pas de forfait intéressant à 9 euros tout compris comme c'est le cas en France !

— Etisalat propose des forfaits téléphones avec ou sans contrat : Pour un forfait téléphone « flexi » de 15 Go + 500 min : 225 AED avec engagement ou 250 AED sans engagement.
— Virgin Mobile propose des forfaits avec ou sans engagement sur 12 mois à partir de 40 AED/ mois. Pour un forfait avec engagement de 15 Go + 300 minutes à l'international et 100 minutes en local, vous paierez 230 AED/mois.
— Pack DU (Internet + box TV + appel gratuit sur les numéros fixes aux EAU) : entre 379 et 999 AED/mois suivants les options, notamment le débit Internet.

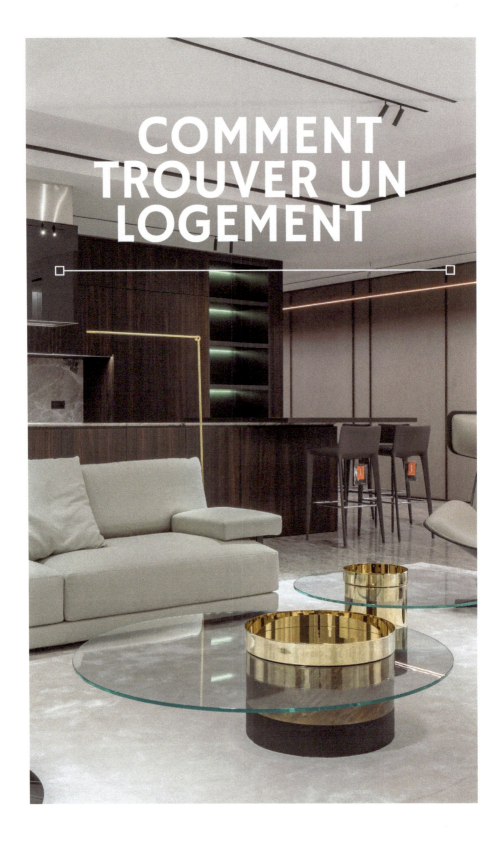

COMMENT TROUVER UN LOGEMENT

COMMENT TROUVER UN LOGEMENT

TROUVER UN LOGEMENT QUI NOUS CONVIENNE (AINSI QU'À SA FAMILLE) EST UN DES PREMIERS OBJECTIFS QUE L'ON SE FIXE QUAND ON S'INSTALLE À DUBAI.

Résident aux Émirats, votre contrat de location arrivant bientôt à expiration, vous vous dites que c'est le bon moment pour déménager et trouver une maison qui corresponde davantage à vos aspirations du moment.
Pour vous faciliter la tâche et vous évitez quelques sueurs froides, nous vous avons préparé un récapitulatif de tous les éléments et démarches administratives à prendre en compte afin d'aborder votre recherche le plus efficacement et sereinement possible !

1/ LES INFORMATIONS-CLÉS SUR LES LOGEMENTS À DUBAI :

- **En bref, le marché immobilier à Dubai**

Même si les loyers restent globalement plus élevés en comparaison à d'autres grandes villes, on assiste depuis la fin de la pandémie à une hausse générale des loyers.
Du côté du marché de l'achat, même constat. Ventes et transactions immobilières sont en hausse que ce soit pour les biens existants ou sur plan, les prix de vente augmentent alors que les facilités de paiement proposées par certains promoteurs immobiliers se multiplient.

- **L'achat**

Quand on vit à Dubai, se pose à un moment donné la question de l'achat. Avec la construction frénétique de nouveaux logements et quartiers depuis de nombreuses années, vous avez un large choix de biens sur le marché qu'ils soient déjà construits ou sur plan.

Les résidents peuvent acheter des logements en pleine propriété dans un certain nombre de zones désignées (Marina, Dubai Hills, Palm Jumeirah, Arabian Ranches, Meadows, etc.).
Si vous décidez d'acheter sur plan, nous vous recommandons tout de même de vous renseigner en amont sur la qualité (et la réputation) du promoteur immobilier et de vous faire accompagner par des processionnelles .
 Dubaï facilite l'accession à la propriété des expatriés et non-résidents, car il vous suffit de détenir un passeport valide. Le délai d'acquisition est beaucoup plus court qu'en France.

- **La Location**

Vous allez trouver un large choix de biens à la location (en meublé ou non meublé) dont les prix diffèrent suivant le quartier, la qualité du bien, les prestations offertes, son ancienneté, etc.
– Au moment de lancer votre recherche, vous allez rapidement constater que de nombreuses choses changent par rapport à la France, à commencer par le fait que les loyers sont donnés à l'année. Il est toutefois tout à fait possible de le régler en plusieurs fois, voire mensuellement.
N'hésitez donc pas à négocier, de nombreux propriétaires acceptent actuellement de baisser substantiellement leur loyer ou d'offrir un ou plusieurs mois gratuits afin de louer leur bien. A noter que vous ne pourrez louer un logement qu'après avoir obtenu votre visa de résidence et ouvert un compte bancaire aux Emirats.
– Au moment du renouvellement de votre contrat pour vous aider à négocier votre futur loyer, le RERA (Real Estate Regulatory Agency) met à disposition un calculateur gratuit qui permet de vérifier par quartier le loyer moyen de votre logement.

- **Les infrastructures**

Appartements, maisons individuelles ou en compound ? Vous allez vite constater que les biens que vous allez visiter, sont généralement plus spacieux qu'en France. Le loyer va dépendre en grande partie des prestations proposées. La plupart des appartements situés dans des tours sont équipés d'une piscine et d'une salle de sport (tapis de course, vélo d'intérieur, équipements de musculation…).

Si vous optez pour une villa, les écarts de prix sont sensibles entre une maison individuelle ou en résidence mais aussi en fonction de la taille du jardin, de la présence ou non d'une piscine – privée ou partagée – la date de la dernière rénovation (s'il y en a eu une) ou encore la date de construction.

Autre avantage non négligeable : certaines tours sont équipées d'une climatisation centrale. Le coût est donc réparti entre les logements et directement répercuté dans votre loyer ce qui permet de ne pas avoir de mauvaise surprise, notamment l'été sur votre facture d'électricité.

- **Les différents quartiers de Dubai**

Dubai étant étendu de 70 Km du nord au sud, la circulation peut être dense à certaines heures de la journée.

Si vous en avez la possibilité, nous vous conseillons de vous balader ou à défaut de vous renseigner en amont pour savoir quel quartier correspond davantage à vos attentes et vos besoins : lieu de travail, école des enfants, centres d'intérêt, etc.

2/ LA CHECK-LIST LORS DE VOS VISITES

Voici un récapitulatif des éléments à contrôler ou à demander lors de vos visites afin d'éviter les déconvenues.

Au moment de la visite, n'oubliez pas de vérifier les éléments suivants :

– **Le bruit extérieur :** proximité de certains grands axes routiers, construction proche en cours ou présence d'une mosquée (en particulier dans les quartiers de Jumeirah et d'Umm Suqeim). Un terrain vague à coté peut également vous alerter car des travaux pourront débuter à tout moment.

– **Les transports en commun :** si vous les utilisez, vérifiez qu'ils soient facilement accessibles ou si vous vous déplacez en voiture que vous disposez bien d'un parking.

– **Ce qui est inclus :** interrogez l'agent immobilier pour savoir ce que comprend le loyer annoncé. La climatisation est souvent comprise dans le loyer des appartements situés dans les buildings les plus récents.

– **Les commerces de proximité :** baladez-vous dans le quartier pour repérer les éventuels commerces de proximité.

– **Les animaux :** si vous possédez un animal de compagnie, n'oubliez pas de demander si ces derniers sont autorisés.

Dans la maison ou l'appartement :
− **La climatisation :** vérifiez si le système de climatisation est récent ou non. Un bon indicateur est généralement le type de thermostat installé. S'il s'agit d'un modèle archaïque à aiguille et gradué en fahrenheit, il y a des chances que le moteur (et votre facture d'électricité DEWA) vous réserve des surprises − à surveiller donc.
 De même, les immeubles les plus récents disposent d'un système de climatisation central plus silencieux que les climatisations intégrées directement dans les murs.
− **L'isolation :** contrôlez que les fenêtres soient bien équipées d'un double-vitrage pour une meilleure isolation.
− **De manière générale,** cherchez les éventuelles traces d'humidité et regardez la qualité des matériaux et finitions dans la maison ou l'appartement (placards, miroirs et sanitaires).
− **Les frais d'eau et d'électricité :** si vous visitez une villa avec jardin ayez conscience que l'entretien de la pelouse peut faire grimper votre consommation d'eau (en particulier en été) si cette dernière n'est pas équipée d'un puit, une pelouse synthétique est peut-être à privilégier. De la même façon, une piscine privée avec un système pour chauffer/refroidir l'eau aura également une forte incidence sur votre facture DEWA.
− **Les parties-communes :** lors de la visite, n'hésitez pas à regarder également l'entretien des parties-communes dont la salle de sport (ces dernières ne sont pas toujours bien entretenues dans les compounds) et la piscine. Demandez, d'ailleurs, si elle est tempérée.
− N'hésitez pas à engager la discussion avec les voisins afin de savoir s'il existe d'éventuels problèmes au sein de la communauté ou avec le propriétaire : nuisances sonores, qualité de la maintenance, etc.

Si un bien retient votre attention, il est important de prendre quelques précautions d'usage tant pour la location que pour l'achat immobilier :
− Vérifiez que l'agent immobilier est bien immatriculé auprès de la RERA (Real Estate Regulatory Agency) et demandez-lui son numéro de brocker qui est facilement vérifiable sur Internet.

— Si vous avez trouvé votre logement et que vous comptez le louer auprès d'un particulier, il vous faudra valider certains points concernant votre futur propriétaire : validité de son passeport, de son ID et du paiement des services charges.

— Même si cette pratique est de moins en moins courante, nous vous recommandons également de ne pas verser d'acompte tout de suite même si l'agence fait pression pour vous mettre le bien de côté.

3/ COMMENT CHERCHER VOTRE LOGEMENT À DUBAI ?

Contrairement à la France, vous visiterez des biens à la location vides (vous pourrez malheureusement y rencontrer quelques cafards !).

Toutes les maisons à disposition sur le marché ne sont pas répertoriées sur les annonces.

Si vous habitez Dubai, il vous suffit généralement de vous promener dans un quartier pour trouver des maisons ouvertes que vous pourrez visiter.

- Les principaux sites d'annonces pour effectuer vos recherches :

— Property Finder
— Bayut
— Dubbizle

N'hésitez pas lors des visites de demander à l'agent immobilier s'il a d'autres logements à vous faire visiter en fonction de vos critères de recherche.

4/ LES DEMARCHES ADMINISTRATIVES À EFFECTUER :

- **Les frais d'agence**

Si vous passez par un agent immobilier pour louer votre logement, les frais d'agence sont de 5% +5% TVA. La majorité des agences facturent un montant minimum entre 4,000-5,000 AED pour les locations inférieures à 100,000 AED/an.

La majorité des agences a également une clause de renouvellement. Dans ce cas, le montant facturé se situe en général entre 1,000-2,000 AED.

Ceci n'est pas une commission, qui ne peut être facturée qu'à la signature du contrat initial, mais correspond aux frais administratifs inhérents au renouvellement du contrat de location. Ces frais peuvent être à la charge du propriétaire, du locataire ou divisés entre les 2 parties.

- **Le contrat de location et l'Ejari** (développé plus haut auparavant)
- **Dépôt de garantie :** Au moment de la signature de votre contrat, il vous sera demandé une caution qui représentera généralement un mois de loyer ou 5 % de votre loyer annuel. Sachez qu'elle doit vous être restituée dans un délai de 30 jours après votre départ mais il est souvent compliqué de la récupérer dans sa globalité.

Le dépôt de garantie peut être utilisé par le propriétaire à la fin du bail de location pour remettre en état le bien. Le propriétaire sera libre de vous rembourser tout ou en partie la caution versée. C'est pourquoi, il est important de bien lire votre contrat de location car il est notifié l'ensemble des conditions relatives au dépôt de garantie. Il est aussi préférable de faire un état des lieux d'entrée minutieux assortis si besoin de photos.

- **L'eau et l'électricité**

Lorsque vous devenez locataire, vous devez ouvrir le réseau d'eau et d'électricité local, DEWA. Vous devrez vous acquitter mensuellement de votre facture. Cette dernière comprend votre consommation en eau et électricité ainsi que la taxe d'habitation municipale qui représente 5 % de votre loyer annuel. Au moment de l'ouverture de votre compte, DEWA vous demandera un dépôt de garantie à hauteur de 2 000 AED pour un appartement et de 4 000 AED pour une villa ainsi que des frais pour l'ouverture de la ligne variant de 130 à 330 AED selon la taille du logement (TVA non-incluse).

- **L'assurance habitation**

L'assurance habitation n'est pas obligatoire à Dubai mais elle est vivement conseillée ! Son plus gros avantage est la responsabilité civile du locataire qui couvre ainsi les dommages accidentels au sein du logement et qui pourrait au final vous coûter très cher au moment de votre départ.

L'assurance garantit généralement les biens personnels. Il en existe différents types, plus ou moins flexibles suivant le bien et le montant assuré.

Vous pouvez comparer les différentes offres d'assurance sur des sites spécialisés comme YallaCompare.

- **Le préavis**

Le locataire dispose de 90 jours pour résilier son contrat. Le propriétaire ne peut résilier le contrat de location d'un locataire en règle que pour trois raisons (vendre, utilisation personnelle, ou rénovation qui empêche l'utilisation du bien) et devra alors donner un préavis de 12 mois. Ce préavis doit être établi et envoyé par la « Notary Public" pour être légalement recevable. Toute modification dans le contrat (prix ou autres termes et conditions) devra être négocier et approuver par les 2 parties au moins 90 jours avant la date d'expiration du contrat.
L'augmentation des prix est réguler par RERA à l'aide du Rental Index Calculator. Vous pouvez également vous renseigner auprès de l'autorité compétente, le DLD (Dubai Land Department).

Points importants à savoir:
En tant que locataire, assurez-vous de connaître l'ensemble des règles liées à votre location aux Emirats Arabes Unis.
La location d'un bien, que ce soit une villa ou un appartement est l'option la plus choisie par les résidents expatriés qui viennent s'installer dans la péninsule, aux Emirats Arabes Unis.
La première préoccupation d'un nouvel expatrié à Dubai est, le logement. Pour beaucoup, la location d'un bien immobilier à Dubai est l'option favorite des expatriés. Mais combien d'entre vous connaissent réellement les règles en application concernant la location à Dubaï ?
Si vous décidez de poser vos valises au soleil et de louer un appartement ou maison à Dubai, voici les neuf points que vous devez absolument connaître:
1.Mon loyer va-t-il augmenter à la fin de mon bail? Votre propriétaire est tenu de vous prévenir 90 jours à l'avance
Si votre contrat de bail arrive à expiration et que votre propriétaire ne vous a envoyé aucune notification, votre propriétaire est légalement tenu de vous informer 90 jours à l'avance de toute modification de votre contrat.

Dans le cas d'une hausse de loyer, si vous n'avez reçu aucune communication écrite ou électronique dans les 90 jours qui précèdent l'expiration de votre bail alors votre contrat sera renouvelé aux mêmes conditions.
Ce point est clairement stipulé dans les articles 6 et 14 de la "Dubai Law No. 26 of 2007 Regulating Relations between the landlord and tenant in the Emirate of Dubai" ou "Dubai Rent Law".

2. L'augmentation de votre loyer ne peut pas dépasser une certaine limite

Notez que votre propriétaire est dans son droit s'il décide d'augmenter le loyer annuel de votre logement.

Cependant, il ne pourra l'augmenter au-delà d'une limite fixée par le Dubai Land Department (DLD). Ce taux d'augmentation est déterminé en comparaison au loyer moyen d'un appartement similaire au vôtre dans le quartier dans lequel vous vivez.

Selon le DLD, voici de combien un propriétaire peut augmenter les loyers de ses biens :
- Si le loyer actuel d'un logement est inférieur de 21 à 30 % à la valeur locative moyenne de logements similaires, le loyer peut être augmenté de 10 % maximum, au moment du renouvellement.
- Si le loyer de l'unité immobilière est inférieur de 31 à 40 pour cent à la valeur locative moyenne d'unités similaires, le propriétaire peut augmenter le loyer d'un maximum de 15 pour cent du loyer de l'unité immobilière ;
- Si le loyer de l'unité immobilière est inférieur à la valeur locative moyenne d'unités similaires de plus de 40 %, le propriétaire peut augmenter le loyer maximum de 20 % du loyer de l'unité immobilière.
-

Vous avez la possibilité de vérifier par vous-même si l'augmentation de votre loyer est justifiée. Pour cela, vous pouvez utiliser L'indice des loyers en ligne du DLD (online rental index). Cet outil a été conçu pour que les locataires puissent avoir une idée quant à une éventuelle augmentation de loyer par votre propriétaire.

3. Votre propriétaire ne peut pas vous priver d'eau et d'électricité en cas de loyer impayé

Ne pas payer son loyer pourrait entraîner de graves conséquences pouvant aller jusqu'à l'expulsion de votre logement.

Notez cependant, qu'il est strictement interdit par la loi que votre propriétaire entreprenne des démarches afin de vous priver d'eau ou d'électricité.

Ce point est clairement stipulé dans la loi qui encadre les loyers de Dubai. Si votre propriétaire enfreint la loi, le locataire peut de droit déposer une "petition order" auprès du Centre de Règlement des Litiges locatifs (Rental Dispute Center) pour demander au propriétaire de rétablir l'eau et l'électricité. Une fois la requête déposée, un juge rendra sa décision dans les 24 heures.

4. L'avis d'expulsion doit être envoyé 12 mois à l'avance

Il existe seulement deux cas dans lesquels le propriétaire est légalement tenu d'émettre un préavis d'expulsion d'au moins 12 mois.

Le propriétaire peut vous expulser pour deux raisons majeures :
- Une expulsion pour cause de rénovation ou d'entretien complet du dit logement
- Une expulsion pour cause de démolition du bien immobilier.

5. Ne sous-louer pas votre logement sans autorisation

Il existe plusieurs cas où le propriétaire est légalement autorisé à expulser un locataire de son logement, et ce conformément à la loi :
- Il s'agit notamment du cas où le locataire ne paie pas le loyer dans un délai de 30 jours à compter de la date à laquelle un avis lui a été envoyé,
- Il peut également s'agir du cas où le locataire utilise la propriété à des fins illégales ou contraires à l'ordre public ou aux bonnes mœurs,

et du cas où le locataire sous-loue la propriété sans l'accord préalable du propriétaire.

6.Envie de changer de quartier?

Trouvez le prix moyen des loyers dans votre futur quartier
Si vous souhaitez changer d'air et de quartier, si vous voulez passer d'un appartement à une villa, etc. il est tout à fait légitime de se renseigner sur les prix des loyers pratiqués dans la zone. Avec la nouvelle plateforme DXBinteract.com, il est maintenant possible de se référer aux données sur les transactions immobilières provenant de Dubai Land Department.

7.Votre contrat de bail est différent de votre Ejari

La plupart des personnes à Dubai confondent le contrat de location et l'EJARI. Bien que les deux puissent être utilisés comme synonymes, le contrat de location est simplement l'accord signé avec votre propriétaire, tandis que l'Ejari est le processus d'enregistrement de cet accord auprès du Dubai Land Department. L'enregistrement de l'Ejari se fait par le locataire dans un des centres Tasheel prévus à cet effet. Il faudra se munir de ses documents d'identité ainsi que des copies de celles du propriétaire à savoir : passeport, contrat de location etc. L'enregistrement d'un Ejari coûte AED220 et est à la charge du locataire.

8.Un différend avec votre propriétaire ?

Déposez une plainte officielle auprès du Centre de règlement des litiges locatifs
En cas de litiges avec votre propriétaire, vous avez la possibilité de déposer une plainte auprès du Centre de règlement des litiges locatifs (Rental Dispute Settlement Centre : RDSC), qui supervise toutes les actions en justice qui sont liées à des disputes de loyer à Dubai.
Pour chaque cas, le RDSC tente en premier lieu la résolution du problème à l'amiable entre les deux parties et la procédure prend généralement 15 jours.

6.Envie de changer de quartier?
Trouvez le prix moyen des loyers dans votre futur quartier
Si vous souhaitez changer d'air et de quartier, si vous voulez passer d'un appartement à une villa, etc. il est tout à fait légitime de se renseigner sur les prix des loyers pratiqués dans la zone. Avec la nouvelle plateforme DXBinteract.com, il est maintenant possible de se référer aux données sur les transactions immobilières provenant de Dubai Land Department.

7.Votre contrat de bail est différent de votre Ejari
La plupart des personnes à Dubai confondent le contrat de location et l'EJARI. Bien que les deux puissent être utilisés comme synonymes, le contrat de location est simplement l'accord signé avec votre propriétaire, tandis que l'Ejari est le processus d'enregistrement de cet accord auprès du Dubai Land Department. L'enregistrement de l'Ejari se fait par le locataire dans un des centres Tasheel prévus à cet effet. Il faudra se munir de ses documents d'identité ainsi que des copies de celles du propriétaire à savoir : passeport, contrat de location etc. L'enregistrement d'un Ejari coûte AED220 et est à la charge du locataire.

8.Un différend avec votre propriétaire ?
Déposez une plainte officielle auprès du Centre de règlement des litiges locatifs
En cas de litiges avec votre propriétaire, vous avez la possibilité de déposer une plainte auprès du Centre de règlement des litiges locatifs (Rental Dispute Settlement Centre : RDSC), qui supervise toutes les actions en justice qui sont liées à des disputes de loyer à Dubai.
Pour chaque cas, le RDSC tente en premier lieu la résolution du problème à l'amiable entre les deux parties et la procédure prend généralement 15 jours.

DESCRIPTIF GLOBAL DES DIFFÉRENTS QUARTIERS :

DESCRIPTIF GLOBAL DES DIFFÉRENTS QUARTIERS :

CECI EST UNE LISTE NON EXHAUSTIVE MAIS C'EST LÀ OÙ VOUS RETROUVEREZ LES MAJORITÉ D'EXPATRIÉS.

- Le quartier de DUBAI HILLS ESTATE

Dubai Hills Estate, également appelé Dubai Hills, est la première phase de Mohammed Bin Rashid City et le nouveau quartier dynamique de Dubai. Située au sud d'Al Khail Road, la communauté est centrale et facilement accessible.

Elle offre une vue inédite sur les deux majestueuses Burj de la ville. Véritable havre de paix pour les familles, le quartier abrite des hôpitaux, des écoles, des commerces de proximité, un terrain de golf professionnel et un des plus grands mall de la ville.

La vie de ce quartier tourne autour de deux grands pôles : en son centre, un magnifique parc gratuit de près de 180 000 m² de verdure, point de rencontre de la communauté, et le Dubai Hills Mall, avec près de 190 000 m² de shopping, d'activités et de restauration en tout genre.

Avec tout le charme d'un quartier moderne et convivial, et un petit air de Los Angeles sous le coucher de soleil, Dubai Hills est devenu le quartier où il fait bon vivre, en solo, en duo ou en famille .

Les prix des loyers ont doublés depuis la fin du covid , en 2020 on pouvait y louer des maisons 4chambres à 110k/an , en 2022 il faudra compter 230k/ans au minimum pour le même type de biens....

Studio entre 60K et 65K AED/an
Appartement 1 bedroom entre 65k et 85k AED/an
Appartement 2 bedrooms entre 120k et 190k AED/an
Appartement 3 bedrooms entre 180k et 250k AED/an
Villa 3 bedrooms entre 220k et 230k AED/an
Villa 4 bedrooms entre 230K et 320k AED/an
Villa 5 bedrooms entre 260K et 350k AED/an.

Pour les grands sportifs, le DUBAI HILLS PARK propose des aménagements, à pratiquer en solo ou à plusieurs. Il comprend de nombreux aménagements sportifs — terrain de padel, de volley-ball, de basket-ball, de badminton, tables de ping-pong, murs d'escalade et parcours de crossfit — ainsi qu'une piste de course de plus de 2 km de long, entourant l'ensemble du parc. L'accès à ces aménagements est gratuit pour les résidents et les personnes extérieures.

Il y a également un lagon artificiel et une aire de jeux aquatique (cette fois ci payant , le prix est moindre pour les résidents de dubai hills maisons ou appartements).
Pour les propriétaires d'animaux domestiques un petit parc à chiens a été aménagé vers l'entrée du parc pour qu'ils y puissent y gambader librement, avec des activités diverses (tunnel, pyramide, slalom...) — sous surveillance des propriétaires.
Pour les enfants, les 190 000 m² du parc constituent un énorme terrain de jeu, avec ses grandes surfaces de verdures et des petits parcs de jeu accessibles gratuitement , il y a trois grosses zone de jeu plus terrain de basket, skate park, l'acces au second skate park situé vers le splash est quand à lui payant.
La mosquée prévu non loin de la clinique devrait ouvrir en 2023 , sinon il y en à dans le quartier voisin.

LES COMMERCES

• Les supermarché et épiceries :
— FRANPRIX — Situé au rez-de-chaussée de l'ACACIA C
— MONOPRIX — Situé au rez-de-chaussée du GARDENIA A
— GÉANT CASINO — Situé dans le Dubai Hills Mall, supermarché/hypermarché du quartier rassemblant une grande gamme de produits divers, de l'alimentation à la maison,...

- **Les boulangeries /pâtisseries :**
— FRENCH BAKERY — Vous pouvez avoir du pain frais à toute heure de la journée, à condition de le commander 7 min d'attente en moyenne pour avoir un bon pain chaud et frais.

Restaurants et shopping /mosquées
— DUBAI HILLS MALL boutiques, restaurants, salle de sport vous trouverez tout ce quil vous faut au mall.

Hôpital:
Dans Dubai hills vous y trouverez un hôpital, urgence, service pédiatrie.. tout y est.
Médecins francophones à Dubai Hills, King's College Hospital in Dubai :
 — Dr. Rita Sakr : Chirurgien oncoplastique du sein et gynécologue-obstétricien
 — Dr. Dalia Rizk : Psychologue et Psychiatre pour adulte.
 — Dr. Tania Said : Kinésithérapeuthe.
 — Dr. Joseph Abboud : Gynécologue/Obstétricien

l'école française la plus proche sera Lycée Français Jean Mermoz (de la maternelle à la 6ème) , dans le système britannique vous avez celle de Gems Wellington situé juste après l'hôpital , vous trouverez également des nursery pour vos tout petits à proximité et l'école Ice à meydan.

_ Le quartier de ARABIAN RANCHES

Cet immense compound, très prisé des expatriés voulant vivre au calme loin des gratte-ciels de Dubai, est organisé en plusieurs quartiers, aux styles architecturaux différents.
Il s'étend autour du golf de 18 trous d'Arabian Ranches et se trouve à 20 minutes de la Marina, des quartiers de Jumeirah ou Umm Suqeim, à 25 mn de l'aéroport international de Dubai .
Arabian ranches 3 proche de global village sera ouvert en 2023.
C'est un quartier d'expatriés, très familial, et avec de nombreux espaces verts. On y croise joggeurs, cyclistes et promeneurs. Le compound comporte un 'community center', où l'on trouve un magasin Carrefour, et de nombreux commerces (pharmacie, coiffeur, opticien, restaurants...), mais aussi un centre médical Mediclinic (pédiatre, généraliste, kinésithérapie, dentiste, laboratoire et radiographie...).

Chaque quartier est pourvu d'une piscine chauffée et d'un terrain de tennis ; une station essence . La circulation peut être assez dense en journée, mais le quartier est bien desservi en bus et taxi.
DU CÔTÉ DES LOYERS
Villa 3 bedrooms entre 120K et 220K AED/an
Villa 4 bedrooms entre 200K et 280K AED/an
Villa 5 bedrooms entre 230K et 360K AED/an
Villa 5-6 bedrooms entre 300K et 800K AED/an.

l'école française la plus proche sera le Lycée Français International Georges Pompidou (du CP à la terminale)
Les écoles anglophones et internationales les plus prisées des francophones à proximité :
  – SAFA COMMUNITY SCHOOL – UK curriculum (FS1 à Year 11)
  – NORD ANGLIA INTERNATIONAL SCHOOL DUBAI – UK curriculum (IGCSE/IB Diploma)
  – JUMEIRAH ENGLISH SPEAKING SCHOOL (JESS)
  – GEMS UNITED SCHOOL – American Curriculum
  – GEMS INTERNATIONAL SCHOOL – Al Khail – IB curriculum
Vous y trouverez des mosquées.

Le quartier de townsquare

Town Square est l'un des projets les plus récents de Dubaï, développé par Nshama Group, et devrait être entièrement livré d'ici 2024. Il s'agit du tout dernier quartier autonome qui propose une large sélection de commodités, notamment des infrastructures et des lieux de divertissement, des magasins et des parcs. Town Square est situé à Dubailand, le long de la route Al Qudra.

Le développement du projet a démarré début 2015 et, en septembre 2020, la plupart du quartier était achevée, y compris les immeubles d'habitation. La seule exception était le bâtiment des appartements UNA, qui devrait atteindre les dernières étapes de la construction. Il est prévu que Town Square soit habité par 85 000 résidents d'ici 2025.

Town Square abrite huit complexes d'appartements, dont Jenna, UNA, Hayat Boulevard, Rawda, Safi, Warda, Zahra et Zahra Breeze, qui abriteront un nombre impressionnant de 17 000 logements une fois tous les projets achevés. Les logements de ces complexes vont du studio au spacieux appartement de cinq chambres. En ce qui concerne les maisons individuelles, Town Square comprendra 3 000 maisons de ville et villas. Celles-ci sont divisées en six sous-quartier dénomés Hayat, Naseem, Noor, Sama, Safi et Zahra, et chaque sous-quartier comprend des logements de trois et quatre chambres.

Toutes les maisons de ville et les villas présentent une architecture contemporaine élégante, des intérieurs ouverts et lumineux, et de vastes jardins qui sont particulièrement adaptés aux moments passés en famille ou entre amis.
Compte tenu du grand nombre et de diversité des propriétés de Town Square, c'est l'une des zones les plus prisées pour la location de maisons et d'appartements à des prix abordables.

appt 1bed entre 50k et 65k/an
appt 2bed entre 65k et 80k/an
appt 3bed entre 75k et 90k/an
villa 3bed entre 115k et 125k/an
villa 4bed entre 135k et 145k/an

L'école française la plus proche sera Pompidou , ou Mermoz , à proximité en cursus britannique vous avez Gems..
Il y a plusieurs mosquées dans le lotissement.
Autour vous avez également comme quartier Mira (juste en face), Mudon pas tres loin, damac hills 1 , (cherrywood en face qui devrait etre livré en 2023).

Le quartier de SUSTAINABLE CITY

premier compound « durable » de Dubai, situé à quelques kilomètres de la piste cyclable d'Al Qudra et séparé de la route par une zone tampon où 2 500 arbres ont été plantés afin d'en purifier l'air.
Si vous êtes sensibles aux questions de l'écologie, ce nouveau quartier familial a été entièrement imaginé pour atteindre une consommation d'énergie nette zéro et propose de nombreuses initiatives pour consommer et vivre ensemble de manière plus responsable.
Composé de 500 villas et 89 appartements sur 46 hectares, sans voiture (des buggies sont à votre disposition pour vous déplacer), l'ensemble des logements est orientés au nord et éco-conçu.

Villa 3 bedrooms
entre 170K et 200K AED/an
Villa 4 bedrooms
entre 180K et 210K AED/an

Vous y trouverez une tres belle mosquée, restaurants, centre équestre , une clinique , La crèche anglophone Creativkids accueille les enfants jusqu'à 4 ans, l'édole Fairgreen propose un enseignement IB du KG 1 au Grade 9 avec un focus autour du développement durable.
Les écoles Françaises les plus proches vont être Mermoz et pompidou.

Le quartier de **DUBAI MARINA**

Situé au sud-ouest de Dubai, ce quartier s'est construit en parallèle du front de mer, autour d'un canal creusé sur environ 100 mètres de large pour une superficie de 4,9 kilomètres carrés, en forme de huit, dont l'extrémité se jette dans le golfe persique.

Le projet de construction de Dubai Marina (majoritairement résidentiel) a commencé en 1998 avec pour ambition de créer la plus grande marina du monde !

Aujourd'hui, la Marina compte plus de 200 tours dont la Cayen tower reconnaissable grâce à son architecture atypique, les 73 étages tournant sur eux-mêmes.

Quartier très prisé par les jeunes couples sans enfants et célibataires, il accueille également des familles qui souhaitent une vraie vie de quartier près de la mer. Tout est faisable à pied ou presque (courses, accès aux commodités, plage etc.), ce qui y est très agréable !

La proximité avec la mer et la longue promenade autour de la Marina sont des atouts supplémentaires qui font de ce quartier (avec Downtown Dubai) l'un des quartiers les plus résidentiels et les plus prisés pour le choix d'un logement en appart; du studio au penthouse.

Les pôles d'activités tels que : Jebel Ali, Media City, Internet City ou même Abu Dhabi sont très facilement accessibles.

Ce quartier propose des appartements et des appart-hôtels.

Studio entre 40K et 85K AED/an
Appartement 1 bedroom entre 50K et 150K AED/an
Appartement 2 bedrooms entre 75k et 220k AED/an
Appartement 3 bedrooms entre 90k et 180k AED/an
Appartement 3-4 bedrooms entre 125K et 230K AED/an

Vous y retrouverez des centres commerciaux, restaurant, café...

Le quartier de DOWNTOWN

A la fois jeune et familial, Downtown est un quartier dynamique, central et donc bien situé (à 5 min de Business Bay, 20 min de l'aéroport, 10 min de DIFC et de Dubai Design District). Etonnamment, on peut tout faire à pied, de Dubai Mall à la petite épicerie du coin, en passant par l'Opéra.

Au pied de la tour se trouve également un parc de 11 hectares agrémenté de plans d'eau, idéal pour la petite balade du soir...
Bref, un quartier agréable et animé donc, qui réunit un certain nombre d'avantages.

Ce quartier propose des appartements et des appart-hôtels.

Studio entre 50K et 65K AED/an
Appartement 1 bedroom entre 60K et 145K AED/an
Appartement 2 bedrooms entre 100K et 210K AED/an
Appartement 3 bedrooms entre 130K et 320K AED/an
Appartement 3-4 bedrooms entre 200K et 335K AED/an

Vous y trouverez des mosquées.

Les docteurs français : Gynécologue – Obstétricien : Dr Fella SADI , Dentiste : Dr Dominique CARON , Pédiatre : Dr Nawar TAYARA , Chirurgien orthopédique : Dr Herve OUANEZAR .

Taxis disponibles en permanence en bas de chez soi, métro à Dubai Mall.

Les écoles françaises les plus proches :
1. Lycée Français Jean Mermoz
 (de la maternelle à la 6ème)
 2. Aflec – Lycée Français International
 (de lamaternelle à la terminale)
 3. Lycée Français International Georges Pompidou (maternelle)

 Les écoles anglophones et internationales les plus prisées des francophones à proximité :
 – SISD – Swiss International Scientific School in Dubai – IB curriculum
 – ICE school – IB et French curriculum

Taxis disponibles en permanence en bas de chez soi, métro à Dubai Mall.

Les écoles françaises les plus proches :
1. Lycée Français Jean Mermoz
 (de la maternelle à la 6ème)
 2. Aflec – Lycée Français International
 (de lamaternelle à la terminale)
 3. Lycée Français International Georges Pompidou (maternelle)

 Les écoles anglophones et internationales les plus prisées des francophones à proximité :
 – SISD – Swiss International Scientific School in Dubai – IB curriculum
 – ICE school – IB et French curriculum .

Le quartier de DUBAI SILICON OASIS /The villa /Villanova.

Dubai Silicon Oasis est le quartier idéal pour les jeunes cadres et les jeunes familles en quête de logements neufs, modernes, à des prix accessibles, allant du studio à la villa.

 Situé au nord-est de Dubai, c'est un quartier à la fois résidentiel et commercial, qui se développe et s'améliore encore d'année en annéeà 15 min de l'aéroport, 25 min du Dubai Mall et 5 min du Lycée français LFGP).

L'ambiance y est très familiale, multiculturelle et sportive. on y trouve de nombreux espaces verts où l'on croise joggeurs, promeneurs, enfants et vélos, et des espaces « dog friendly » qui plus est !

 Doté de grands trottoirs, il est possible de s'y balader à pied ou à vélo grâce à ses pistes cyclables.
 Le grand lac est très apprécié des canards, mais aussi des sportifs en tout genre. Sorte de ville dans la ville, c'est donc un quartier où il fait bon vivre.

Studio entre 20K et 30K AED/an
Appartement 1 bedroom entre 30K et 45K AED/an
Appartement 2 bedrooms entre 45K et 70K AED/an
Appartement 3 bedrooms à partir de 72K AED/an
Villa 3 bedrooms à partir de 150K AED/an
Villa 5 bedrooms entre 175K et 190K AED/an

Vous y retrouverez mall, restaurants.. et l'hôpital Le Fakeeh University Hospital.
La circulation est assez fluide.
 Le quartier est desservi par de nombreuses lignes de bus.
 Des taxis sont toujours disponibles en moins de 5/10 min jour et nuit.

l'école française la plus proche est le. Lycée Français International Georges Pompidou
 (du CP à la terminale)
Les écoles anglophones et internationales les plus prisées des francophones à proximité :
 — REPTON Nad Al Sheba 3 — UK curriculum
 — GEMS Wellington Academy — Al Khail — UK curriculum.

Vous y trouverez des mosquées.

Vous avez également pas très loin le quartier the villa avec ses maisons individuels
Comptez à partir de 200k aed/an une villa 4chambres.

Et aussi le quartier Villanova tout juste livré et qui est encore en travaux sur certaines zones car c'est un immense lotissement .
Vous y trouverez des mosquées.

A la location les maisons mitoyennes 2chambres commencent à partir 80k aed/an , il y a aussi des 3 et 4 chambres (amaranta, la rosa, violetta) et des villas seul (la quinta) , 3 chambres à partir de 180k aed/an, 4 et 5 chambres aussi disponible.

Les quartiers JVC, JVT, MOTOR CITY

Ces quartiers si proches les uns des autres Très bien desservis par Al Khail road (12min de Dubai Marina, 20min de Downtown). Le quartier de JVC, JUMEIRA VILLAGE CIRCLE.

Ce nouveau quartier est constitué principalement de petits buildings (3-4 étages), de villas, de parcs (jeux pour les enfants, piste pour courir). On y trouve également des écoles et des crèches, des pharmacies, des restaurants, des épiceries, mosqué… tout pour se sentir dans une petite ville. Les familles constituent les résidents dominants.

Le quartier de MOTOR CITY/SPORT CITY
On y trouve un certain nombre de logements qui s'articulent autour de l'allée principale de Motor City où l'on peut trouver des restaurants et café, un Carrefour, des écoles et nursery, mosqué… Ce quartier est connu pour son autodrome (des courses y sont régulièrement organisés le soir), ainsi que son karting indoor et outdoor !

La communauté est très active et vous y trouverez beaucoup de monde dans les rues la nuit ou à l'autodrome de Dubai. Proximité avec Arabian Ranches.

Le quartier de DUBAI PRODUCTION (IMPZ)
C'est un quartier constitué principalement d'entreprises et de quelques grands bâtiments ; la population y est multiculturelle. Point plus : deux lacs agréables avec une piste de courses (moelleuse) aménagée autour.

Le quartier de JVT : Quartier en plein développement avec des villas ,mosqué et un mall en construction (Nakhell Mall).
Le quartier de GREEN COMMUNITY
Green Community est principalement une communauté de villas,mosqué mais vous pouvez également trouver quelques appartements.

La communauté semble très établie et il existe un réel sentiment de banlieue autour des villas et des centres communautaires.

De superbes parcs de jeux pour enfants sont également disponibles au sein de la communauté, offrant un lieu de jeu amusant et sûr pour les plus petits.

Le quartier de GREEN COMMUNITY
Green Community est principalement une communauté de villas,mosqué mais vous pouvez également trouver quelques appartements. La communauté semble très établie et il existe un réel sentiment de banlieue autour des villas et des centres communautaires. De superbes parcs de jeux pour enfants sont également disponibles au sein de la communauté, offrant un lieu de jeu amusant et sûr pour les plus petits.

• Le quartier de JVC :
Studio entre 25K et 45K AED/an
Appartement 1 bedroom entre 35K et 85K AED/an
Appartement 2 bedrooms entre 45K et 85K AED/an
Appartement 3 bedrooms entre 85K et 140K AED/an
Appartement 3-4 bedrooms à partir de 150K AED/an

• Le quartier de MOTOR CITY
Studio entre 33K et 35K AED/an
Appartement 1 bedroom entre 40K et 55K AED/an
Appartement 2 bedrooms entre 60K et 110K AED/an
Appartement 3 bedrooms entre 115K et 165K AED/an
Appartement 3-4 bedrooms à partir de 130K AED/an

• Le quartier de SPORT CITY
Studio entre 22K et 28K AED/an
Appartement 1 bedroom entre 30K et 50K AED/an
Appartement 2 bedrooms entre 50K et 70K AED/an
Appartement 3 bedrooms à partir de 80K AED/an

• Le quartier de JVT
Studio entre 25K et 35K AED/an
Appartement 1 bedroom entre 35K et 85K AED/an
Appartement 2 bedrooms entre 45K et 85K AED/an
Villa 2 bedrooms entre 130K et 145K AED/an
Villa 3 bedrooms à partir de 157K AED/an
Villa 4 bedrooms à partir de 200K AED/an

• Le quartier de GREEN COMMUNITY
Studio entre 30K et 35K AED/an
Appartement 1 bedroom entre 45K et 65K AED/an
Appartement 2 bedrooms entre 80K et 100K AED/an
Appartement 3 bedrooms entre 125K et 135K AED/an
Villa 4 bedrooms entre 160K et 210K AED/an
Villa 5 bedrooms entre 190K et 220K AED/an
Villa 5-6 bedrooms à partir de 400K AED/an

LES TRANSPORTS EN COMMUN :
La circulation : JVC est desservi par la AL Khail / Hessa street.
La circulation : facile d'accès par Hessa street ou Sheikh Mohammed Bin Zayed Road.
Dubai Production : de nombreux taxi aux pieds des immeubles.

les écoles françaises les plus proches , Lycée Français Jean Mermoz
 (de la maternelle à la 6ème) . Lycée Français International Georges Pompidou (du CP à la terminale)
Les écoles anglophones et internationales les plus prisées des francophones à proximité :
  − SAFA COMMUNITY SCHOOL − UK curriculum (FS1 à Year 11)
  − NORD ANGLIA INTERNATIONAL SCHOOL DUBAI − UK curriculum (IGCSE/IB Diploma)
  − JUMEIRAH ENGLISH SPEAKING SCHOOL (JESS)
  − GEMS UNITED SCHOOL − American Curriculum
  − GEMS INTERNATIONAL SCHOOL − Al Khail − IB curriculum .

Le quartier de THE GREENS

The Greens est un quartier idéalement situé, au « centre » de la ville entre New Dubai et Downtown proposant des appartements dans des immeubles à taille humaine avec une vraie vie de quartier et des commerces de proximité.
L'ambiance est familiale, multiculturelle et sportive : de nombreux espaces verts où l'on croise joggeurs, promeneurs, enfants, vélos et même des chiens ! Le quartier permet de se balader facilement à pied ou à vélo.

 Sa situation géographique permet d'accéder facilement et rapidement aux Lakes (pour un bon footing), aux deux golfs (Emirates Golf Club et The Montgomery) et à Barsha Heights (anciennement Tecom) pour ses hôtels et « licensed » restaurants. C'est un quartier où il est possible de passer un weekend sans prendre sa voiture !

Le quartier propose des appartements allant du studio à 3-4 chambres. Les prix varient selon la « résidence » et la vue (si la vue donne sur le golf, par exemple.)

• GREENS (petits immeubles)
Studio entre 42K et 75K AED/an
Appartement 1 bedroom entre 50K et 90K AED/an
Appartement 2 bedrooms entre 50K et 90K AED/an
Appartement 3 bedrooms entre 100K et 150K AED/an
Appartement 3-4 bedrooms entre 160K et 200K AED/an.

• LINKS (souvent confondus avec les Greens, ces immeubles sont plus hauts et offrent un meilleur standing) .
Studio entre 40K et 60K AED/an
Appartement 1 bedroom entre 60K et 75K AED/an
Appartement 2 bedrooms entre 95K et 130K AED/an
Appartement 3 bedrooms entre 140K et 160K AED/an.

Vous y trouverez mall, café restaurant, mosqué
La circulation est assez fluide.
 Le quartier est desservi par de nombreuses lignes de bus qui permettent d'aller entre autres au Mall of the Emirates,
 à Media city etc. La station de métro la plus proche se situe à Barsha Heights à 10/15 min à pied. Des taxis sont toujours disponibles
 en moins de 5/10 min jour et nuit. L'école française la plus proches et Mermoz.

Les quartiers de SPRINGS, MEADOWS, THE LAKES et EMIRATES HILLS.

Springs, Jumeirah Park, Meadows, Lakes et Emirates Hills font partie d'un énorme programme immobilier « Emirates Living » développé par Emaar. Si aux Springs vous trouverez des villas à taille humaine (un peu vieillissante), les villas des The Lakes ou Emirates Hills sont beaucoup plus grandes et rappellent un peu les 'manoirs' de Beverly Hills.

Quartiers très familiaux, prisés des expatriés pour son calme et sa verdure, et proches de tout. Ces quartiers se composent d'immenses compounds arborés avec des villas de 2 chambres minimum comme au Springs, ou de 3 minimum à Meadows, qui peuvent se louer ou s'acheter.

L'ambiance y est très 'communautaire', idéale pour les familles avec enfants et les amoureux du golf ; on peut s'y déplacer à pied ou à vélo.

• Springs
Villa 2 bedrooms entre 85K et 130K AED/an
Villa 3 bedrooms entre 130K et 250K AED/an

- Meadows

Villa 3 bedrooms à partir de 275K AED/an
Villa 4 bedrooms entre 300K et 320K AED/an
Villa 5 bedrooms entre 275K et 450K AED/an
Villa 5-6 bedrooms entre 500K et 850K AED/an

- The Lakes

Villa 3 bedrooms entre 200K et 230K AED/an
Villa 4 bedrooms entre 250K et 300K AED/an
Villa 5 bedrooms à partir de 500K AED/an

- Emirates Hills

Villa à partir de 5 bedrooms. Les prix commencent autour de 500k jusqu'à +1.5 million AED/an pour les plus extravagantes… Les prix des loyers fluctuent énormément en fonction des critères suivants : Localisation de la maison dans le compound (ex: proche golf ou proche route), maison renovée ou non, piscine individuelle ou non, etc. Vous y trouverez des petits mall, restaurant, café, mosqué..

LES TRANSPORTS EN COMMUN :
– La circulation est fluide.   – Nombreuses lignes de bus.
 – Pas de stations de métro.   – Nombreux taxis dans le quartier.
 – L'aéroport est à seulement 25 mn en voiture.
L'école française la plus proche est le Lycée Français Jean Mermoz .
les écoles anglophones et internationales les plus prisées des francophones à proximité :
  – DUBAI INTERNATIONAL ACADEMY – IB CURRICULUM
  – EMIRATES INTERNATIONAL SCHOOL (IB, IGCSE, IB) .

Le quartier de OUD METHA

Parmi les plus anciens quartiers de Dubai, à deux pas de Deira, Bur Dubai, de l'aéroport et des hôpitaux les plus réputés ; Oud Metha et Al Garhoud ne sont pas les quartiers les plus prisés des Français... Et pourtant, ils ont de nombreux atouts !
Al Garhoud est un quartier résidentiel, proche de l'aéroport où les prix de l'immobilier plus raisonnables offrent la possibilité d'accéder à des villas spacieuses. Du côté de Oud Metha et Healthcare City, quartiers plutôt calmes aux immeubles à taille humaine ; vous y trouverez tout type de logement dans toute catégorie de standing, avec plusieurs commerces de proximité.
 Les loyers abordables et la proximité des écoles françaises (classes maternelles du Lycée Français Georges Pompidou et de la maternelle à la terminale du Lycée Français International AFLEC) font d'Oud Metha et d'Healthcare City des choix judicieux pour les familles.

Studio à partir de 35K AED/an
Appartement 1 bedroom entre 45K et 75K AED/an
Appartement 2 bedrooms entre 60K et 100K AED/an
Appartement 3 bedrooms entre 85K et 120K AED/an

Restaurants, café , mosqué, mall... LES TRANSPORTS EN COMMUN :
– La circulation peut être un peu dense dans ces quartiers aux heures de pointe et de sorties des écoles.
 –Beaucoup de lignes de bus et le métro dessert judicieusement Oud Metha avec une station éponyme, ainsi que Garhoud qui n'a pas moins de 4 stations de métro (Emirates, Airport Terminal 3, Terminal 1, GGICO).

 Attention : le dimanche (jour de messe), prévoir large, le métro est plus que bondé et vous risquez de passer du temps dans les files d'attente...
L'école française la plus proche est l'. Aflec – Lycée Français International , (de la maternelle à la terminale)
 Les écoles anglophones et internationales les plus prisées des francophones à proximité :   – SISD – Swiss International Scientific School in Dubai – IB curriculum.

Le quartier de Damac hills2 (akoya):

AKOYA est un quartier résidentiel située à 40 minutes de la Business Bay et du centre-ville de Dubaï. Le projet a été développé et exécuté par DAMAC Properties, et la communauté fait partie du développement principal de Dubailand qui comprend une infrastructure de divertissement et des bâtiments résidentiels très bien développés.

AKOYA propose des complexes résidentiels de petites tailles entourés d'une végétation luxuriante. C'est un emplacement idéal pour les locataires qui apprécient un environnement calme et un style de vie périurbain. Toutes les unités ont accès à des places de stationnement couvertes, et les villas et les maisons de ville ont leur propre parking privé avec un jardin paysager.

Le quartier va se développer au fur et à mesure que des magasins et des épiceries s'ouvriront dans le secteur d'AKOYA Oxygen. Un petit magasin Carrefour est déjà ouvert pour les résidents actuels. Spinneys, situé dans le Mira Town Centre, est accessible en 15 minutes de route par Al Ain – Dubai Road, et les supermarchés Rukn Al Sahra et Al Lisaili sont situés à 20 minutes de route par Al Ain – Dubai Road.
Salle de sport, mosqué, café, restaurant, clinique (à 15min)...

Établissements préscolaires et éducatifs

Les crèches suivantes sont situées à moins de 20 minutes de route de AKOYA Oxygen. Elles comprennent:
- Blossom Nursery et Creakids Akoya dans le quartier de Mudon
- Wonder Years Nursery à Golf City Remraam
- CreaKids Nursery à Sustainable City
- The Arabian Ranches Nursery à Dubaï Lifestyle City
- Step by Step dans le quartier de Layan
-

Le quartier est également située à proximité de plusieurs écoles. Vous pourrez y retrouver:
- L'école internationale Fairgreen, située dans la ville durable, se trouve à 25 minutes de route et enseigne le programme du baccalauréat international (IB)
- L'école South View School Dubai, située dans la communauté Remraam, se trouve à 20 minutes de route et enseigne selon le programme anglais
- La GEMS United School et la Renaissance School de Dubai Sports City sont situées à 25 ou 30 minutes de route et utilisent un programme américain
- L'école Renaissance pour filles d'Al Lisaili est située à 20 ou 25 minutes en voiture et propose un programme exclusivement féminin

Les établissements d'enseignement supérieur les plus proches, tels que l'université Zayed, l'Emirates Institute for Banking and Financial Studies (EIBFS) et l'université de Dubaï, sont situés dans la ville universitaire, accessible en 30 minutes de route depuis l'AKOYA Oxygen.

Les villas et maisons de ville de trois chambres, situées dans des quartiers achevés, sont principalement proposées à la location. Les quartiers Claret, Vardon et Primrose... proposent des logements dont le coût d'une location annuelle varie entre 45 000 AED et 80 000 AED pour 3 chambres.

Le quartier de PALM JUMEIRAH

La « Palm » est l'une des plus grandes îles artificielles au monde, délimitée par un croissant de 11 kilomètres, enfermant des plages calmes et reposantes. En allant au-delà de son aspect artificiel et de sa richesse apparente, il s'agit surtout d'un lieu unique pour vivre une expérience, les pieds dans le sable, aux portes de la ville...

Il n'y a vraiment pas d'ambiance » de quartier » à proprement parlé, pour autant il y a plusieurs endroits où il fait bon de se retrouver et de profiter (en famille) du cadre idyllique : que ce soit sur la plage (terasses de petits restaurants, sports nautiques etc.) ou le long d'Al Ithiad Park (aires de jeux pour les enfants, espaces ombragés) ainsi que la nouvelle promenade The Pointe.

Comme partout à Dubai, il n'y a pas toujours de logique sur les prix de l'immobilier qui fluctuent passablement sans savoir exactement pourquoi.

Mais sur la Palm, les prix des loyers dépendent d'une part de la taille de la villa, il en existe 2 :
– les Garden (4 ou 5 chambres)
– les Signatures (6 chambres) . Et de l'emplacement sur le « Frond ». Plus le numéro est élevé plus le loyer sera cher. Ainsi, une même « Garden villa », au début du Frond et à la fin du Frond peut passer de 300 000 AED à 480 000 AED.

Il existe également des appartements sur le tronc de la Palm, le shoreline (moins onéreux).

Studio entre 60K et 75K AED/an
Appartement 1 bedroom entre 80k et 150k AED/an
Appartement 2 bedrooms entre 100k et 220k AED/an
Appartement 3 bedrooms entre 170k et 290k AED/an
Appartement 3-4 bedrooms à partir de 400K AED/an
Villa 4 bedrooms entre 500K et 1.6M AED/an
Villa 5 bedrooms entre 600K et 2.3M AED/an
Villa 5-6 bedrooms entre 750K et 4M AED/an.

Sport, mall, café, restaurant, mosqué tout y est.
La circulation est difficile, particulièrement pour sortir de la Palm dès 17h.
 Pas de ligne bus, seulement un métro aérien qui part du début du tronc et va jusqu'à l'Atlantis (toutes les 15 min environ).
L'école française la plus proche est Mermoz.

Pas mal de nouveaux lotissement devraient etre fini et livré à partir de 2023/2024 comme :
Arabian ranches 3, villanova, cherrywood, damac lagoon, akoya, townsquare, meydan….

COMMENT BIEN PRÉPARER SON DÉMÉNAGEMENT/ EMMÉNAGEMENT ?

VOUS VOILÀ À LA DERNIÈRE ÉTAPE, LE FAMEUX DÉMÉNAGEMENT ! ET AVANT DE VOUS ATTAQUER À VOS CARTONS, CERTAINES COMMUNAUTÉS FERMÉES (ARABIAN RANCHES, SPRING, LAKES…) AINSI QUE DES IMMEUBLES SITUÉS DANS LES QUARTIERS BRANCHÉS DE DOWTOWN ET DE LA MARINA DEMANDENT UN MOVE-IN PERMIT OU UN DÉPÔT DE GARANTIE AU MOMENT DU DÉMÉNAGEMENT

Certains promoteurs immobiliers peuvent également vous demander un certain nombre de pièces justificatives : copie de votre ID, du contrat de location ou encore le dernier reçu du paiement des services charges (qui devra être fourni par votre propriétaire).

Une fois votre permis en poche, il ne vous reste plus qu'à déménager. Si vous habitez déjà Dubai, voici quelques sociétés de déménagement que vous pouvez contacter pour établir un devis :

– Amwaj Packers and Movers. Spécialistes des déménagements en local sur Dubai, Sharjah et Abu Dhabi.
Site web : ICI
Tel : +971 55 447 5112
Email : amwajmover@gmail.com

– Easytruck Moving and Storage. Ils peuvent tout gérer de A à Z, de l'emballage de vos meubles à leur installation.
Site web : ICI
Email : info@easytruck.net
Tel : +971 4 870 6672

Bien organiser son emménagement
Deux grandes périodes dans l'année sont propices aux déménagements/emménagements. Le mois de décembre, tout d'abord, car il est encore possible de changer relativement facilement ses enfants d'école et la nouvelle année s'accompagne souvent de changements/réorganisations dans les entreprises.
Mais c'est incontestablement la période estivale qui est la plus chargée, partout dans le monde, car les vacances scolaires permettent aux familles de déménager de façon plus organisée.

C'est pourquoi nous vous recommandons fortement de contacter des sociétés de déménagement environ 3 mois avant votre départ afin d'organiser la visite technique et choisir vos dates de déménagement plus facilement.
Si vous le pouvez, en amont de ce rendez-vous, renseignez-vous :
– sur le budget logement qui vous sera alloué, en fait « le plus compliqué dans un déménagement est de savoir où l'on part et surtout ce que l'on souhaite emporter en fonction du logement dans lequel on va se trouver », ajoute Christine.
– triez vos affaires ou, tout au moins, ayez une idée de ce que vous voulez emporter. C'est l'occasion de vendre ou de donner les meubles, vêtements, jouets… dont vous n'aurez pas besoin sur place.

Lors de la visite technique, le déménageur estimera le volume de vos biens, la complexité de votre déménagement et pourra également vous conseiller sur les éventuels biens qui ne peuvent pas être transportés, les démarches administratives à effectuer, etc.

D'un point de vue administratif, vous aurez deux listes à fournir :
– l'une pour l'assurance, en indiquant la valeur de vos biens neufs si vous les rachetiez à Dubaï, à moins que vous ne choisissiez d'assurer au global votre déménagement ;
– l'autre pour la douane avec la valeur dépréciée des biens.

N'oubliez pas d'informer l'administration française que vous quittez le territoire et de résilier l'ensemble de vos abonnements (électricité, Internet, téléphone, etc.). Enfin, le jour de votre déménagement, n'omettez pas de mettre de côté les papiers et autres documents dont vous aurez besoin pour voyager ou lors de votre arrivée à Dubai (diplômes, livrets de famille, documents bancaires, etc.).

Choisir la société de déménagement : étudiez bien les devis ! S'il vous incombe de payer vous-même votre déménagement pour Dubai ou si votre entreprise vous a alloué directement une enveloppe budgétaire pour financer votre déménagement, vous serez peut-être tenté d'optimiser au maximum le coût du déménagement.

 Mais attention, il est important de bien choisir la société de déménagement qui sera en charge de transporter vos biens pour ne pas avoir de désagréments à l'arrivée.
 Lorsque vous allez établir les devis auprès de différentes sociétés, prenez le temps de les étudier.
 Tout d'abord, vérifiez la cohérence des montants annoncés. En effet, certains déménageurs risquent de paraître plus compétitifs, en retirant certains coûts que vous serez amenés à payer au final.

 « C'est souvent le cas des DTHC (Destination Terminal Handling Charges) – qui sont des frais de manutention au port de chargement et de déchargement – qui ne sont pas toujours inclus dans le devis, mais qu'il faudra au final payer », explique Christine.

 D'autre part, il est important de vérifier que le déménageur retenu soit implanté à Dubai et soit membre FIDI (Fédération Internationale des Déménageurs Internationaux) et/ou réponde aux normes ISO, car c'est à la fois un gage de qualité, mais aussi cela garantit un haut niveau de qualité du service.

L'arrivée du container à Dubai

Au moment du départ de votre container de France, il est indispensable que vous soyez en possession au minimum d'un e-visa de résident aux Émirats.

A l'arrivée, vous devez détenir votre visa, ainsi que de votre Emirates ID. Dans le cas contraire, vérifiez auprès de votre employeur que votre e-visa est encore valide et demandez-lui une lettre attestant que la procédure de visa est en cours, sinon vous risquez de devoir payer des frais supplémentaires car votre container sera bloqué au port.

Afin d'avoir une cotation plus précise, il est recommandé de communiquer, dès que vous la connaissez, votre adresse de livraison. De plus, vous aurez parfois à fournir un « move-in permit » pour certaines communautés fermées (comme Meadows, Lakes, Arabian Ranches…) ; certains immeubles de la Marina et de Downtown peuvent également demander un « move-in permit » et/ou un dépôt de garantie le temps du déménagement.

Si vous n'avez pas d'adresse au moment de l'arrivée de votre container, la société de déménagement peut stocker vos biens en garde-meubles, dans un entrepôt climatisé ou aéré selon la période de l'année.

Si vous arrivez durant l'été, vérifiez que le lieu de stockage proposé par votre déménageur est bien climatisé et pas seulement ventilé, car avec la chaleur et l'humidité, vos biens risquent de s'abîmer. Votre déménagement sera livré dès que vous aurez un bail de location (Ejari) et votre raccordement électricité/eau DEWA effectué.

Enfin, nous vous rappelons que pour que votre arrivée à Dubai se passe le plus tranquillement possible, ne mettez aucun objet interdit dans votre container.

Au-delà des produits plus classiques comme les armes à feu ou les stupéfiants, certains peuvent paraître plus insolites :
– tout document immoral et/ou allant à l'encontre des valeurs de l'islam ;
– certains médicaments, notamment ceux à base de codéine ;
– tout objet lié aux jeux d'argent, ces derniers étant interdits au sein des Émirats ;
– les drones…

la législation est très particulière à Dubai sur l'importation de médicaments, nous conseillons de ne mettre aucun médicament dans votre container et de les emporter avec vous dans votre valise.

De même, à cause de la chaleur dans le container, nous recommandons d'éviter les bougies qui peuvent fondre et couler pendant le déménagement et ainsi endommager vos affaires. Les produits de beauté et parfums supportent également mal le transport maritime et risquent également de tourner .

Grospiron International
Tel : +33 (0)1 48 14 42 42
Email : sales@grospiron.com
Tel. : +971 (0)54 584 93 17

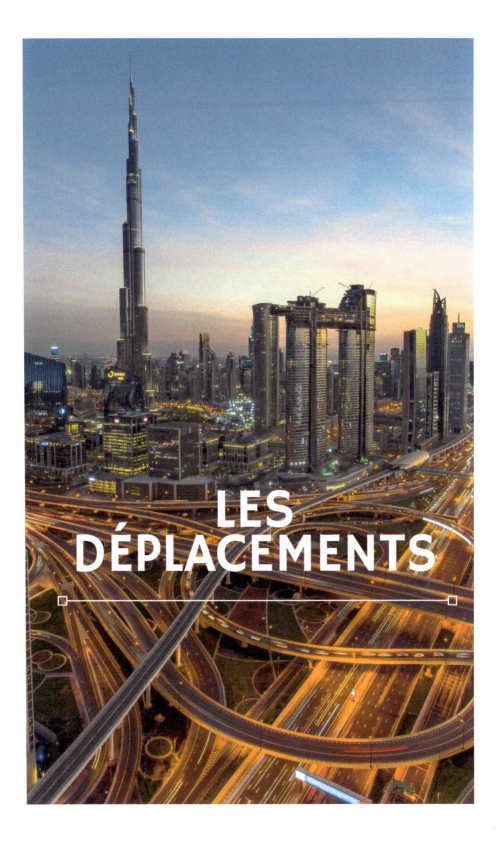

LES DÉPLACEMENTS

DUBAÏ ÉTANT UNE VILLE TRÈS ÉTENDUE (PRÈS DE 70 KM DU NORD AU SUD), IL EST PRIMORDIAL DE VOUS RENSEIGNER SUR LES DIFFÉRENTS MODES DE TRANSPORTS AVANT MÊME DE CHOISIR LE QUARTIER DANS LEQUEL VOUS ALLEZ VIVRE. IL Y A PLUSIEURS MOYENS DE CIRCULATION À DUBAÏ :

– **En transports en commun**

 Les transports en commun sont encore relativement peu développés à Dubaï : elle ne compte que deux lignes de métro, un réseau de bus mal relié et un tramway qui couvre 11 stations. Néanmoins, si vous avez la chance de pouvoir vous rendre au travail en transports en commun, vous devrez vous équiper d'une carte rechargeable, appelée NOL Card, d'où sera déduit le montant de chaque trajet.

 Dans le métro et le tramway, vous aurez le choix entre 3 types de wagons : standard, gold class et un wagon spécifiquement réservé pour les femmes et les enfants.

 A noter que par souci de propreté, il est interdit de boire ou manger (même du chewing-gum) dans les wagons.

 Plus d'informations sur le site internet de la RTA (Roads & Transport Authority).

– **En voiture**

 Le plus pratique pour circuler à Dubaï reste la voiture. Pour avoir le droit de conduire, vous devrez faire transférer votre permis français pour obtenir un permis local valable 2 ans (nous avons déjà expiqué les procédures plus haut).

Une fois votre nouveau permis en poche, vous pourrez acheter ou louer votre voiture, mais attention : les accidents de la route ne sont pas rares et, pour plus de sécurité, nous vous déconseillons de choisir une petite citadine.

 Enfin, dans le cas de l'achat d'un véhicule, vous devrez chaque année renouveler son enregistrement auprès de la RTA.

Par ailleurs, les bouchons sont fréquents : le matin, c'est du nord au sud que le trafic sera le plus difficile, et le soir du sud au nord, en partie car les nombreux travailleurs de Jebel Ali rentrent en direction de Sharjah à la fin de la journée. Soyez vigilants au moment d'emprunter les sorties sur les grands axes : une erreur vous obligera parfois à rouler sur plusieurs kilomètres pour retrouver le bon embranchement !

Petit point positif malgré tout : l'essence est nettement moins chère qu'en France (en moyenne 1 euro le litre).
Enfin, la ville de Dubaï est équipée d'un système de péage, appelé Salik. A chaque passage de l'un des 7 points Salik, vous serez automatiquement débité de 4 dirhams via un sticker collé sur votre pare-brise et relié à un compte à recharger en ligne. Vous pouvez vous le procurer dans tous les Customer Service Center, sur le site Internet de la RTA et dans la plupart des stations-services.

– **En taxi**

 Les taxis sont très nombreux et le prix d'une course reste abordable par rapport à la plupart des grandes villes. Les VTC sont également présents à Dubaï : vous avez le choix entre Uber et Careem.

 Bien que les tarifs soient légèrement plus élevés, les voitures sont généralement plus confortables, les chauffeurs conduisent plus prudemment et sont équipés d'un GPS ce qui est rarement le cas avec un taxi.

– Location de voiture : à partir de 1700 AED/mois pour un petit modèle et à partir de 3200 AED/mois pour une voiture familiale (style Mistubishi Pajero).
– Péage SALIK : 7 péages dans Dubai (retrouvez la localisation des péages ici) à 4 AED par passage soit environ 100-150 AED/mois
– Essence : comptez entre 130 et 500 AED pour un plein selon le modèle du véhicule.

– Les taxis, Uber et Careem (compagnie locale) sont également un bon moyen de transport à moindre coûts
– Métro/bus : il existe des pass 7 jours / 30 jours / 90 jours. Pour un pass de 90 jours – Zone 1 : 330 AED – Zone 1 et 2 : 550 AED – Zone 1, 2 et 3 : 830 AED

• **Acheter une voiture à Dubai :**
C'est le moyen de transport le plus simple et le plus pratique pour se déplacer à Dubai car la ville est étendue sur près de 70 Km du nord au sud. De manière générale, l'achat d'une voiture est moins onéreux aux Émirats qu'en France.

Enfin, si vous ne souhaitez pas investir dans un véhicule neuf, vous trouverez sur le marché de nombreux véhicules d'occasion, en particulier à partir du mois de juin lors de la grande vague annuelle des départs et des arrivées.
Faites cependant très attention, n'achetez que du gcc specs et vérifier bien la voiture.

LES TÉLÉCOMMUNICATIONS

LES TÉLÉCOMMUNICATIONS

LE MARCHÉ DES TÉLÉCOMMUNICATIONS EST EN TRAIN DE BOUGER AVEC L'ARRIVÉE DE VIRGIN MOBILE DANS LE SECTEUR DE LA TÉLÉPHONIE

Les deux opérateurs historiques (DU et Etisalat) ont structuré leurs offres et proposent maintenant des forfaits plus compétitifs (connexion Internet à très haut débit et forfaits mobiles tout compris).

Mais cela reste toutefois un poste de dépense plus élevé qu'en France.

— Les téléphones portables

Vous avez le choix entre 3 opérateurs : DU, Etisalat et Virgin Mobile. Vous trouverez des forfaits tout compris, avec ou sans engagement, comprenant notamment les appels locaux et/ou vers l'international. Si les tarifs sont aujourd'hui plus attractifs, ils ne sont toutefois pas au même niveau qu'un forfait Bouygues Telecom à 9 euros en France…

Le wifi est également disponible un peu partout à Dubaï que cela soit dans les centres commerciaux, les restaurants, les cafés, …

— Internet

En ce qui concerne l'utilisation d'Internet chez vous, Du et Etisalat proposent différents packs selon vos besoins et votre consommation. Ils peuvent comprendre l'Internet (très) haut-débit, les chaînes TV, les appels gratuits sur les numéros fixes

L'ÉDUCATION

SCOLARITÉ DES ENFANTS

L'ÉDUCATION / SCOLARITÉ DES ENFANTS

LES OPTIONS ET LEURS COÛTS

Si vous partez vous installer à Dubaï avec votre famille, une bonne éducation pour vos enfants sera importante pour vous. Mais toutes les écoles publiques de Dubaï sont pour les Émiratis, donc si vous prévoyez de partir habiter à Dubaï avec des enfants, vous devez réfléchir au coût de l'enseignement privé. Plus de 90 % de l'enseignement à Dubaï est dispensé par le secteur privé, de nombreux habitants ainsi que des expatriés choisissant des écoles privées. Il existe près de 200 écoles proposant différents programmes scolaires ; près des deux tiers enseignent soit selon le programme britannique, soit selon les normes indiennes (il y a une énorme communauté indienne à Dubaï), mais vous y trouverez également des systèmes universitaires américains, français et le internationaux.

Chaque école privée doit également enseigner une certaine quantité de contenu « local » ; les enfants apprennent tous l'arabe (bien qu'il ne s'agisse peut-être que de base) et doivent suivre des cours d'études islamiques ou d'études sociales des Émirats arabes unis.

Les frais de scolarité des écoles les plus réputées peuvent atteindre EUR 24 000 (100,000 AED) par an.
Mais de nombreuses écoles ont des frais de scolarité beaucoup plus bas.
Les tarifs sont réglementés par le gouvernement.
Les écoles sont inspectées et labellisées, les meilleurs établissements recevant la mention « très bien » et quelques-uns la mention « exceptionnel ». Si une école ne maintient pas son statut, une augmentation de ses tarifs ne sera pas autorisée. Toutes les augmentations se réfèrent à un indice des coûts de l'éducation qui est défini par le gouvernement.

COMMENT CHOISIR LE BON ÉTABLISSEMENT ?

Le bon établissement pour un enfant donné peut ne pas être l'école la plus réputée. Les parents doivent tenir compte d'un certain nombre de facteurs en plus du statut de l'école.

- Quel est l'équilibre des nationalités représentées à l'école ? Les élèves viennent-ils majoritairement d'un milieu, ou est-ce plus cosmopolite ?
- Est-ce que l'établissement propose des enseignements spéciaux, par exemple les arts du spectacle, les sports ou les sciences ?
- Est-ce que l'établissement est reconnu pour son enseignement dans des matières précises, comme la Swiss International Scientific School ?
- Est-ce que l'établissement enseigne de manière structurée et traditionnelle ou de manière plus innovante basée sur des projets à réaliser ?
- Est-ce l'établissement privilégie l'enseignement « académique » ou un enseignement plus global ?
- L'établissement se spécialise-t-il dans une tranche d'âge (par ex. élèves en primaire ou secondaire seulement), ou couvre-t-il la scolarité depuis la maternelle jusqu'à la fin des études secondaires ?

UN APERÇU DES MEILLEURES ÉCOLES À DUBAÏ

L'un des meilleurs établissements est la **King's School Dubai**, qui enseigne le cursus britannique au niveau de l'école primaire.

La plupart des élèves sont britanniques, mais environ 10 % sont titulaires d'un passeport arabe, et l'école compte 40 nationalités différentes parmi ses élèves.

. C'est une école qui prend au sérieux l'innovation et la durabilité, avec une bonne réputation pour les sports et les arts, ainsi que les résultats scolaires

Les frais sont assez élevés, allant de EUR 10 300 (42,734 AED) en première année d'école primaire à EUR 15 669 (65,037 AED) en sixième année.

Parmi les écoles françaises, le Lycée Français International Georges Pompidou arrive toujours en tête des classements et c'est le premier choix pour les familles francophones. Les leçons d'anglais débutent à l'âge de trois ans dans son jardin d'enfants, elle peut ainsi être accessible aussi aux enfants d'autres origines. Les frais exigés varient de EUR 8 432 (35,000 AED) à EUR 11 565 (48,000 AED) en fonction de l'âge de l'élève - très raisonnable compte tenu de son classement élevé.

La Repton School Dubai est une école fréquentée principalement par les anglais, mais qui compte à peu près 15 % d'élèves locaux. Son approche pédagogique est décrite comme "holistique", avec un grand nombre d'associations et clubs, d'activités en dehors des cours ainsi que de solides intérêts sportifs. Les frais à Repton peuvent atteindre jusqu'à EUR 22 889 (95,000 AED) par an au lycée.

De nombreux parents choisissent le programme du Baccalauréat International. C'est ce que propose la **Dubai International Academy** avec un taux de réussite de 94 %, bien au-dessus de la moyenne mondiale. L'école encourage également ses élèves à être autonomes et à gérer leur propre apprentissage - une très bonne préparation pour l'université. La population des étudiants est très diversifiée ; il y a des enseignements en néerlandais et en espagnol, par exemple. Les frais sont en haut de la fourchette.

Il convient de noter que les écoles les plus réputées sont très demandées, et une inscription très à l'avance est indispensable. A **King's School,** par exemple, 80 des 120 places en premières année sont rapidement attribuées aux frères et sœurs des élèves.

Les parents doivent également s'attendre à payer des frais d'inscription et des arrhes qui peuvent atteindre jusqu'à 25 % des frais annuels. Avec l'uniforme scolaire, cela peut faire une avance d'argent importante. (Cependant, de nombreuses écoles proposent des systèmes de paiement flexibles pour répartir les frais de scolarité en fonction des salaires.).

QU'EN EST-IL DE L'ENSEIGNEMENT SUPÉRIEUR À DUBAÏ ?

L'éducation à Dubaï ne s'arrête pas après le lycée ; la ville compte pas moins de 26 campus d'universités internationales, principalement situés dans la Dubai International Academic City. L'accent est mis sur les études de commerce, d'ingénierie et des médias - les étudiants en STEM sont très bien accueillis. Cela dit, de nombreux étudiants décident finalement de retourner dans leur pays d'origine pour suivre des études universitaires - même si les parents restent à Dubaï.

Bien que l'enseignement privé va alléger votre portefeuille si vous élevez votre famille à Dubaï, les meilleures écoles de l'émirat sont vraiment exceptionnelles et offrent un large choix de programmes et de styles d'enseignement.

L'ÉCOLE À LA MAISON HOMESCHOLING

Ceci est assez courant à Dubai donc n'ayez crainte, il existe même plusieurs groupes fb et autres qui organisent des rencontres et activités entre homeschooler.

Bien que Dubaï n'ait aucune exigence légale spécifique concernant l'enseignement à domicile, il est recommandé de suivre un programme officiel et accrédité. Vous trouverez une liste des cours par correspondance (francophones) reconnus et de haute réputation comme Le CNED (qui correspond plus quand même en supplément de la scolarisation d'un enfant en école américaine ou britannique mais dont les parents veulent continuer le cursus français en vue d'un retour futur en France), Le cours Hattemer ,Les cours Legendre ,Les cours Sainte Anne, les cours Pi, Kerlann.

Prendre cette décision, pressés par le temps et sous la contrainte n'est pas facile : c'est indéniablement une source de stress : profitez des quelques jours de vacances pour vous poser et prendre le temps d'établir un plan, une structure, des limites qui vous aideront à conserver une discipline rigoureuse dans le temps.

Réfléchissez à la façon dont le rôle d'enseignant peut influencer votre relation avec votre enfant et aux conditions pratiques : par exemple, réserver une pièce à la maison qui n'est utilisée que comme salle de classe, varier les jours et structurer les programmes, prenez ce temps de réflexion avant de vous lancer.

L'enseignement à domicile ne veut pas dire que vous serez seul face à vos chères têtes blondes : les écoles ont promis des modules d'enseignement virtuels, et si vous optez pour des programmes d'enseignement à distance en complément, le soutien en ligne fait partie des points à bien vérifier avant de vous engager.

Ne pas paniquer, et essayer de trouver des aspects positifs au delà de toute la logistique et des complications au quotidien.

Après tout c'est une expérience différente, une occasion de vous remettre en question (car oui, il faudra réviser certaines matières, avant de les enseigner !) de vous rapprocher de vos enfants, de vous impliquer différemment dans leur apprentissage, de les faire grandir en maturité, et de ralentir le rythme.

De plus le coût financier est bien moindre par rapport aux écoles ici à Dubai.

LES CRÈCHES

Cette liste est non exhaustive. A Dubai, de nombreuses crèches ouvrent et ferment régulièrement.

• Les crèches bilingues

Quel est leur système ? Les classes se déroulent à 50% en anglais et à 50% en français.

LE PETIT POUCET

Crèche bilingue Français-Anglais (curriculum français ou britannique – EYFS). Le Petit Poucet est homologué par le Ministère de l'Éducation et le KHDA permettant ainsi l'accueil des enfants entre 3 mois et 6 ans.
Le Petit Poucet dispose de locaux spacieux proposant des installations modernes, différents espaces ludo-éducatifs, une salle de gymnastique multifonctionnelle et des jeux d'eau.
 Des activités autour du respect de l'environnement sont régulièrement mises en place. Un service de restauration sain et équilibré ainsi que le transport scolaire sont proposés.
 De nombreuses activités périscolaires sont offertes tel que (gymnastique, football, danse classique, mini tennis, mini basketball, yoga etc.) ainsi que des cours privés de français dès l'âge de 2 ans, tous les après-midi.
L'établissement est ouvert de 7h30 à 17h30 du lundi au vendredi.
Villa 20, Street 39, Al Safa 1
Tel : +971 4 321 9399 / + 971 50 657 1744
Email : info@lepetitpoucet.ae
Site Internet : lepetitpoucet.ae

BLOSSOM NURSERIES IN DUBAI

Avec 13 branches sur Dubai, Blossom Nurseries font parties du groupe Babilou Family qui est present dans 12 pays avec plus de 1 000 crèches.
L'ensemble des établissements sont homologués par le Ministère de l'éducation et le KHDA.
Les Blossom Nurseries suivent un modèle d'éducation unique inspiré par les meilleures approches centrées sur l'enfant et son aptitude propre et naturel à apprendre, pour ne nommer que les principales : Early Years Foundation Stages, Maria Montessori, Reggio Emilia, Emmi Pikler.

L'apprentissage se base essentiellement sur les neurosciences, c'est à dire que chaque enfant apprend par l'expérience à leur propre rythme. Les enfants sont poussés à penser par eux-mêmes, jouer, explorer, faire des erreurs et trouver des solutions afin de prendre confiance en eux et d'apprendre à apprendre.

Les établissements encouragent également l'apprentissage en profondeur des langues : l'anglais et français. Des cours d'arabe sont également dispensés.

Enfin, de nombreuses activités sont proposées l'après-midi comme le Yoga, Danse, Football, Musique, Mini Chefs pour les enfants de la crèche et même pour ceux qui souhaitent juste y participer.

Les différentes branches accueillent les enfants de 2 mois à 6 ans, tous les jours de la semaine de 7h30 à 18h00.
Tél : 800nursery (6877379)
Site Internet : theblossomnursery.com

ODYSSEY NURSERY

Avec six branches à Dubai, Odyssey Nursery propose un système trilingue avec le choix de 2 sections : française ou anglaise. Chaque section propose l'autre langue en mineure ainsi que l'arabe toutes les semaines.

Odyssey Nursery suit à la fois les critères de développement de l'apprentissage précoce de l'État de Washington et l'approche éducative de Reggio Emilia.

Les enfants apprennent, explorent et se développent au travers d'une série d'activités pratiques soigneusement planifiées tout au long de la journée. Dans un environnement naturel conçu pour apprendre par la découverte de soi et le jeu.

La crèche est ouverte aux enfants de 4 mois (dès 2 mois pour la branche Burj) à 4 ans.

- Odyssey Umm Suqeim 2 – Tél : 056 520 3448
- Odyssey Burj, Umm Al Sheif – Tél : 056 520 3449
- Odyssey Nursery Living Legends, Al Barari –971 56 422 6613
- Odyssey Nursery, Jumeirah Beach Residence, 056 538 4642
- Odyssey Nursery, Meydan District One, 056 538 4642
- Odyssey Nursery, Sheikh Zayed Road, 056 538 4642

Site Internet : odysseynursery.com

KIDS PALACE NURSERY

Ouverte depuis 2005, Kids Palace Nursery est située à Umm Suqeim 3. L'enseignement est basé sur l'apprentissage actif : de nombreuses activités scolaires, sportives et artistiques (yoga, football, musique, dance…) sont proposées tout au long de la journée aux enfants afin de les stimuler au maximum et de développer leur curiosité. L'apprentissage des langues est également au cœur des valeurs de la crèche avec :
 Une section anglaise composée de 11 classes suivant le curriculum EYFS où le jeu est mis au cœur de l'apprentissage, avec des cours de français et d'arabe deux fois par semaine. Une section française avec 3 classes d'enfants âgés de 14 mois à 4 ans, avec des cours d'anglais et d'arabe deux fois par semaine.
 Les enfants de ces deux sections apprennent les couleurs, les nombres et des comptines en arabe…
 Les classes sont composées d'un maximum de 20 enfants, avec un encadrement de 4 à 5 adultes par classe.
 La crèche est ouverte du lundi au vendredi de 7h30 à 18h et propose une flexibilité d'horaires possibilité de récupérer ses enfants à 12h30 – 15h ou 18h.
 Kids Palace Nursery propose également des camps d'été en juillet et août.
 Les enfants y sont acceptés de 12 mois à 4 ans de 2 jours par semaine à 5 jours.
Où se trouve-t-elle : Street 17th – Al Wasl Road – Umm Suqeim 3. Vous pouvez retrouver une deuxième nursery « The Palace Nursery » à Al Safa 2, qui propose une section en anglais avec des cours de français et d'arabe deux fois par semaine.
Tél : 04 348 4163
E-mail : info@kidspalacenursery.com
Site internet : kidspalacenursery.com
Instagram : @kidspalacenursery

• **Les crèches avec du français**

LA MARELLE

La Marelle est une crèche française qui enseigne le programme du Ministère de l'Éducation Nationale Française. Sa fondatrice-directrice a exercé en tant qu'enseignante pendant 25 ans en maternelle, au sein du Lycée français Georges Pompidou à Dubai. La devise de la crèche est d'éveiller les consciences, d'encourager et de transmettre. Son projet pédagogique s'appuie sur les dernières connaissances en neurosciences, pour répondre de manière optimale, au besoin de sécurité affective du jeune enfant et à sa plasticité cérébrale.
 La crèche accueille les enfants de 3 mois à 4 ans, du lundi au jeudi de 7h30 à 16h30 et le vendredi 7h30 à 13h30.
L'environnement a été pensé pour offrir à l'enfant ce dont il a besoin pour se construire. Divers espaces de jeux ont été défini pour que chacun puisse trouver à tout moment de la journée une réponse à son besoin d'exploration et de rencontre. Pendant les vacances, un centre aéré est également proposé avec diverses activités.
Où se trouve-t-elle : 82 Al Shaari street – Jumeirah 3 – localisation
Pour plus d'information : contact@lamarelle.ae ou 054 503 0402
Site Internet : www.lamarelle.ae
Instagram : @lamarelledubai

MILES OF SMILES

Miles of Smiles est une crèche et école maternelle qui offre une éducation trilingue (anglais-français-arabe) aux enfants de 2 mois à 6 ans. Au sein de Miles of Smiles règne le respect et la compassion qui nourrissent l'esprit et l'âme de l'enfant dans des locaux adaptés et sécurisés permettant à chaque enfant de grandir et d'explorer.

A Miles of Smiles Crèche et Maternelle, les sept domaines d'apprentissage encadrés par le Curriculum « Early Years Foundation Stage » sont combinés avec l'approche Montessori. La Vision de Miles of Smiles est de tirer le meilleur parti des atouts du programme d'études pour développer un apprentissage personnalisé au profit de la communauté.
La crèche accueille les enfants âgés de 2 mois à 6 ans..

Où se trouve-t-elle : Villa 1, rue 39, Al Barsha 3
Tel : +971 4 398 0016 / + 971 50 3775396
Email : info@milesofsmiles.ae
Site Internet : www.milesofsmiles.ae
Facebook : Miles Of Smiles Nursery
Instagram : @milesofsmiles_nursery

CANADIAN KIDS NURSERY

Canadian Kids Nursery est une crèche trilingue avec une vision unique de l'éducation interactive précoce.
La crèche propose l'anglais, le français et l'arabe.
Une méthodologie d'enseignement basée sur l'apprentissage par le jeu interactif, les activités pratiques et l'interaction sociale. Canadian Kids Nursery formule l'enseignement de concepts par le biais d'activités, de chansons, de jeux interactifs et d'une variété d'expériences pratiques grâce auxquelles les enfants peuvent explorer et découvrir le monde qui les entoure. Programme d'enseignement certifié par l'Association nationale pour l'éducation des jeunes enfants (NAEYC), ils suivent également le programme britannique (Early Years Foundation Stage – EYFS).
Canadian Kids Nursery encourage les enfants à aimer apprendre en leur offrant un programme interactif large et équilibré avec des opportunités d'appliquer leur apprentissage à de nouvelles situations, en encourageant leur indépendance, leur conscience et leur souci des autres.
La crèche accueille les enfants âgés de 6 mois à 5 ans, les activités péri-scolaires débutent à partir de 14h et cela jusqu'à 18h, vous avez la possibilité de récupérer votre enfant à 16h. La journée commence entre 7h30 et 8h.

Churchill Tower – Business Bay
Tél : 04 365 0011
E-mail : admin@canadiankidsnursery.com
Site internet : canadiankidsnursery.com

MASTERMINDS PRESCHOOL & KINDERGARDEN

Avec 60 ans d'expérience dans le domaine de l'éducation, Mastermind Nursery & Kindergarden combine une approche bienveillante avec la mise en place d'outils d'enseignement de pointe sur le développement de l'enfant.

Pour un apprentissage serein, des petits groupes de 3 à 6 enfants sont proposés. Des cours de français, arabe et anglais sont proposés chaque jour combinés avec des activités sportives et artistiques .

Les installations ont été spécialement conçues pour les enfants en intérieur comme en extérieur avec des espaces de travail ou de jeux.

La crèche accueille les enfants âgés de 15 mois à 6 ans. Accueil des enfants à partir de 8h30.

Villa 17 – Rumiah Street – Umm Suqeim 3 –
Tél : 04 346 9210
E-mail : admin@canadiankidsnursery.com ou info@masterminds.ae

LADYBIRD NURSERY

Depuis plus de 20 ans, Ladybird Nursery s'est distinguée comme l'une des principales crèches de Dubaï, offrant une éducation de la petite enfance de renommée mondiale aux enfants âgés de 6 mois à 4 ans. Une école maternelle fondatrice à Jumeirah 1 et une crèche, primée et certifiée LEED Gold à Jumeirah Village Circle.

Une approche Montessori dans son enseignement, la crèche propose » Bonjour French Programme », conçu pour développer les compétences linguistiques des enfants et susciter leur intérêt pour la langue française.

 Le programme de français est intégré aux programme EYFS.

Les 2 établissements accueillent les enfants à partir de 8h jusqu'à 12h30, des activités périscolaire jusqu'a 17h sont proposés.
Site internet : Ladybirdnurserydubai.com

LE JARDIN ENCHANTE DUBAI

Chaque année, Le Jardin Enchanté figure parmi les meilleures de tout Dubai. Cette crèche francophone de 10 classes existe depuis 2000 et suit le programme français. Des cours d'anglais sont également proposés certain après-midi en fonction de la demande.
Le programme se concentre sur l'éveil de l'enfant à travers le jeu, la découverte et le partage.
 Les enfants y sont acceptés de 5 mois à 4 ans.
Où se trouve-t-elle : 12b street, villa 27, Umm Al Sheif (en face d'Umm Suqeim 3)
Pour plus d'information : contactez la très sympathique Lamia Bourayou
Tel : +971 4 348 6788 ou +971 50 450 5994
E-mail : info@lejardinenchante.net
Site Internet : lejardinenchanté.net

MON ECO-LE DUBAI

Avec deux branches à Dubai, cette crèche met l'accent sur le développement de l'autonomie, la confiance et l'apprentissage en profondeur avec une exposition quotidienne à la langue arabe avec deux programmes différents :
Le site de Jumeirah 1 offre une immersion complète en langue française quant à celle de Umm Suqeim, elle s'appuie sur la méthode Montessori avec un cursus bilingue anglais/français.
 Mon Eco-le accueille les enfants à partir de 15 mois et jusqu'à
4 ans.
 – Jumeirah 1, Street 23B, Villa#10, (derrière Lime Tree/Spinneys),Tél : 04 349 6868
 – Umm Suqeim (Al Manara), 23 14 street,Tél : 04 328 5151

LES ÉCOLES À DUBAI :

LES ÉCOLES À DUBAÏ

SI VOUS VOUS INSTALLEZ À DUBAÏ AVEC DES ENFANTS, SACHEZ QUE L'ÉDUCATION EST TRÈS ONÉREUSE, ET CE DÈS LE PLUS JEUNE ÂGE. SI VOUS LE POUVEZ, NÉGOCIEZ LES FRAIS DE SCOLARITÉ DE VOS ENFANTS DANS LE PACKAGE PROPOSÉ DANS VOTRE CONTRAT DE TRAVAIL.

Il n'est pas rare que les écoles, notamment les plus prisées, aient des listes d'attente, c'est pourquoi nous vous conseillons de vous y prendre le plus tôt possible afin que votre enfant obtienne une place dans l'établissement désiré.

D'autre part, la plupart des écoles ne proposent pas de service de restauration scolaire, il faudra préparer chaque matin pour vos enfants une lunch box réfrigérée, et également ici à Dubaï c'est uniforme exigé.
Enfin, les journées d'école commencent tôt et finissent tôt, entre 13h et 15h selon les établissements. Qui dit après-midi libre dit… activités extra-scolaires !

En plus du coût de l'école, prévoyez un budget pour la pratique d'activités (de nombreuses écoles proposent des activités à la fin des cours), et pour les transports en bus scolaires si vous choisissez de ne pas conduire votre enfant vous-même.

L'aventure de l'expatriation peut mettre à rude épreuve la capacité d'adaptation des enfants dans leur scolarité. La transition d'un système scolaire à un autre ; qu'il soit en cursus français ou international ; peut être facteur d'angoisse et faire naître des difficultés d'apprentissage.

Tous les établissements scolaires internationaux de Dubai sont privés avec des frais de scolarité très variables d'une école à l'autre (pour l'AFLEC et le LFIGP, il est possible de faire une demande de bourse auprès du Consulat).

Les inscriptions pour la rentrée scolaire suivante se font à partir de octobre/novembre pour certains établissements scolaires (notamment pour les écoles francophones) et mi/fin janvier pour la grande majorité.
 Plus on lance la procédure d'inscription tôt plus on a de chance d'avoir une place mais certaines écoles ont toutefois des listes d'attente, notamment dans les petites classes !

 Dès vos premières recherches, un nom inconnu jusqu'à ce jour, reviendra souvent, le KHDA ! En effet, afin de contrôler ces divers établissements (hygiène, santé, sécurité) et assurer une certaine homogénéité dans la qualité des enseignements, un organisme gouvernemental a été créé par l'Emirat de Dubai, le KHDA (Knowledge and Human Development Authority). Il effectue des contrôles réguliers dans tous les établissements scolaires internationaux et rend ses rapports avec des appréciations pour chaque établissement. Ceux-ci sont d'ailleurs accessibles en ligne, sur le site du KHDA.

Aller à l'école à pied est un rêve à Dubai ! En effet, la ville s'est beaucoup étendue au cours de ces dix dernières années (et ce n'est pas fini !) et les distances sont parfois importantes de la maison jusqu'aux établissements scolaires qui sont de plus en plus souvent désormais situés à la périphérie de la ville.
De ce fait toutes les écoles ont un système de transport scolaire. ATTENTION avant de choisir l'école pensez à bien demander si le bus se rend jusqu'à votre lotissement.

Tous les établissements proposent des activités périscolaires sportives ou artistiques au sein de leur campus. Ces activités ne sont toutefois pas toujours gérées par l'établissement qui prête le plus souvent ses locaux et/ou ses facilités sportives à des clubs sportifs privés indépendants.

La demande est parfois plus grande que l'offre surtout en début d'année. N'hésitez pas à vous renseigner dès l'inscription sur les activités extra-scolaires proposées au sein de l'école que vous avez choisie.

LES ÉCOLES FRANCOPHONES À DUBAI

IL Y A DÉSORMAIS À DUBAI 6 ÉCOLES FRANÇAISES, LE LYCÉE FRANÇAIS INTERNATIONAL GEORGES POMPIDOU (LFIGP), LE LYCÉE FRANÇAIS INTERNATIONAL DE DUBAÏ (AFLEC), LE LYCÉE FRANÇAIS JEAN MERMOZ, LA SWISS INTERNATIONAL SCIENTIFIC SCHOOL IN DUBAI (SISD), L'INTERNATIONAL CONCEPT FOR EDUCATION (ICE) ET LE LYCÉE LIBANAIS FRANCOPHONE PRIVÉ.

Tous ces établissements suivent les directives du KHDA, organisme officiel du gouvernement de Dubai pour l'encadrement et le contrôle des écoles privées internationales. Les dates d'ouverture des inscriptions commencent pour de nombreux établissements dès le mois d'octobre ou de novembre. Il est conseillé de prendre contact dès que possible avec les établissements pour connaître les modalités d'inscription.

• **Lycée Français International Georges Pompidou (LFIGP)**

Le LFIGP a ouvert ses portes en 1973 sur le site de Sharjah. Il appartient au réseau des établissements français à l'étranger de l'AEFE. Il est de ce fait homologué par le Ministère de l'éducation Nationale et conventionné par l'AEFE (Agence pour l'Enseignement Français à l'Etranger).

L'établissement assure un enseignement complet de la maternelle au Baccalauréat sur 4 sites :
— Site de Sharjah
— Site d'Oud Metha (Dubai) — École maternelle
— Site d'Academic City Elémentaire — Ruwayyah (Dubai)
— Site d'Academic City Secondaire — Ruwayyah (Dubai)

Le LFIGP accueille les élèves en fonction d'un ordre de priorité :
– les enfants de nationalité française et de nationalité émirienne.
– les frères et sœurs des enfants déjà scolarisés au LFIGP.
– les enfants des autres nationalités venant d'un établissement homologué ou sous convention.
– les autres enfants.

A noter, les enfants des personnels des entreprises ayant souscrit une Option De Fondateur (ODF) bénéficient d'une priorité spécifique contractuelle.
Plus d'information sur www.lfigp.org

• Lycée Français International de l'AFLEC

Ouvert depuis 2003, cet établissement situé à Oud Metha sur le site de Al Nasr complex, derrière l'Hôpital Américain, couvre toute la scolarité depuis la petite section de maternelle jusqu'à la terminale. Il compte à ce jour plus de 2249 élèves.
L'établissement est homologué AEFE et l'anglais et l'arabe sont enseignés dès la petite section de maternelle.
Plus d'information sur www.lfidubai.aflec-fr.org

• Lycée Français Jean Mermoz

Suivant le programme du Ministère de l'Éducation Nationale, avec un enseignement en langue française, le lycée français Jean Mermoz a ouvert ses portes à la rentrée scolaire 2017 et accueille 311 élèves de la maternelle (PS, MS et GS) au CM2. Le nombre d'élèves par classe est limité à 26 et à 4 classes par niveau.
Pour plus d'information, lire l'article et contacter le Lycée Français Jean Mermoz.
Contacts : +971 56 3388 223 – info@lfjm.education

• Lycée Libanais Francophone Privé

Le Lycée Libanais Francophone Privé (LLFP) est une institution scolaire privée de droit émirien, fondée en 2003. L'établissement se trouve dans le quartier de Al Muhaisnah, dans le nord de la ville, à proximité de Sharjah.

Le LLFP est un établissement à cursus français, homologué par l'Agence de l'Enseignement Français à l'Étranger, de la petite section aux classes terminales de l'enseignement général (séries S, ES et L).

Plus d'information sur www.llfp.com

• Swiss International Scientific School in Dubai (SISD)

Ouverte depuis 2015, la Swiss International Scientific School accueille aujourd'hui plus de 1 500 élèves de 88 nationalités différentes dans une structure académique multilingue. De la maternelle au lycée, SISD dispense un enseignement fondé sur le programme du Baccalauréat International (PP, PEI, Diplôme).

Les programmes SISD comprennent deux cursus bilingues, français-anglais ou allemand-anglais, ainsi que la filière STEAM (anglais avec français ou allemand et arabe en langue additionnelle).

Le campus propose en plus 200 places en internat de semaine ou permanent pour filles et garçons de 11 à 18 ans.

Plus d'information sur www.sisd.ae

• International Concept for Education (I.C.E)

ICE (International Concept for Education) a ouvert ses portes en 2013 dans le quartier de Meydan. Elle accueille aujourd'hui 300 enfants de 28 nationalités différentes de la petite section de maternelle à la classe de 6ème au collège. Homologuée par l'AEFE et autorisée IB – PYP, ICE propose une approche basée sur le multilinguisme.

En classes de maternelle, ICE a mis en place un programme d'éducation bilingue tout en suivant les programmes du Ministère de l'Éducation Nationale. A partir du primaire, deux cursus sont offerts : les élèves peuvent soit poursuivre le cursus français soit suivre le curriculum britannique (IB). Les deux filières sont autorisées IB-PYP.

Plus d'information sur www.icedubai.org

LES ÉCOLES ANGLOPHONES À DUBAI

Il est important en premier lieu de faire une différence parmi les différents curricula proposés dans les écoles anglophones : International Baccalaureate (**IB**), National Curriculum of England (**UK**), Américain. La plupart des écoles IB mais aussi certaines écoles UK ou US curriculum à vocation plus internationale donneront la possibilité aux nouveaux élèves n'ayant pas un niveau d'anglais suffisant d'un support « **EAL** » (English as Additional Language) et ce jusqu'au Grade 5.

LES ECOLES ANGLOPHONES avec « FRANÇAIS + »

• **RAFFLES WORLD ACADEMY** – UK & IB curriculum
Raffles World Academy propose le curriculum IB en primaire, puis le curriculum anglais pour le collège et un retour à l'IB pour le diplôme de fin d'études. Devant le nombre important de francophones scolarisés à Raffles, certains parents se sont organisés pour aménager des cours de Français qui suivent le programme du CNED au sein de RWA. Les enfants doivent avoir le niveau requis par le CNED pour suivre les cours de Français langue maternelle.
 Al Marcup Street (ancienne Street 7) Umm Suqeim 3, Dubai
 Tel : +971 4 4271300
 Email : rwaadmissions@rwadubai.com
 Plus d'information sur www.rwadubai.com

• **RAFFLES INTERNATIONAL SCHOOL** – **UK Curriculum**
Raffles International School propose également des cours de français basés sur le CNED. Les cours sont dispensés par petits groupes, du niveau FS à Y13, afin de permettre un soutien personnalisé. Les cours de français langue maternelle sont intégrés à l'emploi du temps de l'élève.
 Al Baghla Street (ancienne Street 20) Umm Suqeim 3, Dubai
 Tél : +971 4 427 1200
 E-mail : admissions@rafflesis.com
 Plus d'information sur www.rafflesis.com

• DUBAI INTERNATIONAL ACADEMY – IB CURRICULUM

Les parents des élèves francophones de DIA se sont aussi organisés pour la mise en place de cours de français. Ces derniers sont exclusivement ouverts aux francophones et aux enfants dont le français est parlé à la maison. Les cours suivent le programme du CNED et sont dispensés aux élèves de KG2 à Year 11. (Maternelle, primaire, collège & lycée selon IB curriculum)
First Al Khail Street, Emirates Hills, Dubai,
Tél : +971 4 368 4111
E-mail : admissions@diadubai.com
Plus d'information sur www.diadubai.com

• JUMEIRAH BACCALAUREATE SCHOOL (IB) – Jumeirah 1 (Taleem – IB curriculum)

JBS a intégré dans son programme des cours de français Langue Maternelle. Les élèves francophones ont la possibilité de profiter de cours de français intensifs et inspirés du programme officiel du Ministère de l'Éducation Nationale. Au secondaire, l'apprentissage du français est également renforcé par de nombreuses activités périscolaires. L'ensemble des enseignants ont un diplôme certifié et dont la langue maternelle est le français. 53 B Street, off Al Wasl Road Jumeira 1
Tél : +971 (0)4 344 6931
E-mail : admissions@jbschool.ae
Plus d'informations sur www.jbschool.ae

• JUMEIRAH PRIMARY SCHOOL (GEMS EDUCATION) – UK curriculum (primaire uniquement)

JPS a mis en place des cours de français une fois par semaine en petits groupes pour les francophones de l'école. L'accent est mis sur la lecture, l'écriture et la grammaire. En dehors des heures d'école, l'établissement propose également des cours basés sur le programme français. Ces derniers sont dispensés par le Language First Institute.
Al Safa 1 , Tél : +971-4-394-3500
E-mail : info_jps@gemsedu.com
Plus d'information sur www.jumeirahprimaryschool.com

• SAFA BRITISH SCHOOL – UK curriculum (FS1 à Year 6)

Safa British School propose des cours de français dès la 3ème année d'école. Les francophones peuvent bénéficier également de cours de français supplémentaires lors des activités extra-scolaires.

Al Meydan Road Al Quoz, Dubai
Tél : +971 4 388 4300
Principal : Dan Sutton
E-mail : reception@safabritishschool.com
Plus d'information sur www.safabritishschool.com

• SAFA COMMUNITY SCHOOL – UK curriculum (FS1 à Year 11)

L'école met l'accent sur l'apprentissage des langues étrangères. Les élèves peuvent étudier une seconde langue étrangère (mandarin, allemand, français, espagnol) dès la première année. En parallèle, des cours de français langue maternelle sont également proposés après les cours. Proche de Dubai Miracle Garden

Tel : +9714 385 1810
E-mail : school@safacommunityschool.com
Plus d'information sur www.safacommunityschool.com

• NORD ANGLIA INTERNATIONAL SCHOOL DUBAI – UK curriculum (IGCSE/IB Diploma)

L'établissement propose un programme « Langue française avancée » à destination des familles francophones et travaille en étroite collaboration avec l'Alliance Française. L'école propose des cours de français dès les petites classes jusqu'au secondaire. Les cours suivent les objectifs des programmes du CNED.

Al Barsha 3, Dubai
Tél : +971 (0)4 2199 999
Inscription : +971 (0)4 2199 913 – admissions@nasdubai.ae
E-mail : Sally.embley@nordanglia.com
Plus d'information sur www.nordangliaeducation.com

AUTRES ECOLES ANGLOPHONES (US, IB et UK) :

*Cette liste est à titre indicatif. Elle ne peut être considérée comme exhaustive.

- **HORIZON SCHOOL** – UK curriculum (primaire uniquement) – Proche de Safa Park FS1 – Year 6
  Tél : +971 4 342 2891
  info@horizonschooldubai.com – www.horizonschooldubai.com

- **UPTOWN SCHOOL** (**IB**) – (Taleem – IB curriculum) – Mirdiff
  PRE-KG – Grade 12 , Tél : +971 4 251 5001 –
  www.uptownschool.ae

- **COLLEGIATE AMERICAN SCHOOL** (**US**) – American Curriculum – Umm Suqeim 2, PRE-KG – Grade 12
  admissions@casdubai.com
  Tél : +971 4427 1400 – www.casdubai.com

- **GREENFIELD COMMUNITY SCHOOL** (**IB**) – Dubai Investment Park KG – Grade 12 , admissions@gschool.ae
  Tél. +971 4 885 6600 – www.gcschool.ae

- **EMIRATES INTERNATIONAL SCHOOL** (**IB, IGCSE, IB**) – 2 sites situés à Umm Suqeim et à Meadows
  Site de Umm Suqeim : Tel: +971 4 348 9804 – mail@eischools.ae
  Site de Meadows : Tel : +971 4 362 9009 – eadows@eischools.ae
  www.eischools.ae

- **GEMS EDUCATION**
  Avec pas moins de 32 écoles à Dubaï, GEMS Education a désormais mis en place un bureau central pour toutes demandes de renseignements et d'inscription dans l'une des écoles du groupe : Tel : +971-4-347 7770 –
  En remplissant le formulaire suivant pour être recontacté :
  www.gemseducation.com/talk-to-us

  – **REPTON Nad Al Sheba 3** – UK curriculum
  FS – Year 11 , info@reptondubai.org
  Tél : +97144269393 – www.reptondubai.org

BOURSES SCOLAIRES À DUBAÏ

QUAND ET COMMENT DÉPOSER UN DOSSIER DE DEMANDE DE BOURSES.
(VALABLE UNIQUEMENT POUR LES ÉCOLES FRANÇAISES.)

Les familles disposant de faibles revenus peuvent demander une aide à la scolarité sous forme de bourses scolaires (de la petite section de maternelle à la classe de terminale) pour leurs enfants français inscrits dans les établissements relevant de l'AEFE .
Les dossiers complets de demande de bourses peuvent être déposés à compter du 1er juillet.

PRINCIPE

Les bourses scolaires couvrent tout ou partie des droits de scolarité dans les établissements de l'AEFE (Agence pour l'enseignement français à l'étranger).Elles sont attribuées en fonction de la situation financière et patrimoniale des familles, de leur composition et de la charge financière de la scolarité sur le budget familial. Elles sont versées directement à l'établissement scolaire.

CRITÈRES D'ATTRIBUTION

Les critères d'attribution et le mode de calcul des bourses->- https://www.aefe.fr/scolarite/bours... sont fixés par l'AEFE
- La brochure* accessible ici détaille les conditions d'accès aux bourses et le barème d'attribution.
- Précision : l'indice de parité de pouvoir d'achat (IPA) de Dubaï est 100.

L'enfant de nationalité française, inscrit au registre des Français établis hors de France, doit résider dans la circonscription consulaire avec un ou ses deux parent(s) et être scolarisé dans un des établissements français AEFE suivants à Dubaï :
 Dubai : Lycée français international Georges-Pompidou, Lycée français international de Dubaï – AFLEC, Lycée libanais francophone privé, Filière française de l'International Concept for Education (ICE) et Lycée français Jean Mermoz ;

Les enfants scolarisés dans une école maternelle doivent être âgés de 3 ans dans l'année civile concernée pour pouvoir en bénéficier.

CALENDRIER DES CAMPAGNES BOURSIERES

Les demandes de bourses scolaires doivent être renouvelées chaque année pour chaque enfant concerné.
La 1ère campagne : Elle concerne les enfants déjà scolarisés ou devant l'être à la rentrée de septembre de l'année civile en cours. Les dossiers dûment complétés et accompagnés de toutes les pièces justificatives doivent être déposés sur rendez-vous au consulat avant la date fixée par chaque consulat.
 Date limite de dépôt des dossiers : sans objet.
 Le conseil consulaire des bourses se réunit une première fois habituellement au printemps. Il émet un avis et fait des propositions, soumises à l'avis de la Commission nationale des Bourses qui se réunit à Paris, en juin. Les familles sont ensuite avisées individuellement de la décision prise par cette commission, avant la rentrée scolaire concernée.

La 2ème campagne boursière est ouverte à compter du 1er juillet
 Le conseil consulaire des bourses se réunit une deuxième fois en octobre ou novembre. Il ne prend en compte que les demandes des familles venues s'installer à Dubaï ou dans les Émirats du Nord après la date limite de dépôt des dossiers de la première commission ou déjà installées dans la circonscription mais dont la situation financière a changé de façon notable depuis la clôture de la première campagne boursière ou sollicitant une révision de la décision prise à l'issue de la première campagne boursière.
Date limite de dépôt des dossiers : le jeudi 30 septembre.
La commission nationale des bourses se réunit à nouveau en décembre. Les familles sont avisées des décisions les concernant en janvier. Aucune demande concernant des familles déjà installées dans la circonscription, qui n'auraient pas déposé leur demande lors de la première réunion de la commission, ne peut être acceptée lors du deuxième conseil consulaire (sauf cas de force majeure dûment justifié).

PROCÉDURE

1- Remplir le formulaire de demande de bourses scolaires (à faire viser par l'établissement).

2) Télécharger la liste des pièces à fournir et les produire.
(s'il vous est absolument impossible de produire le(s) document(s), il convient d'en apporter la justification à l'intérieur du dossier)
Joindre au formulaire dûment rempli et signé l'ensemble des pièces justificatives (photocopies et originaux). Le Consulat ne réalise pas de photocopies. Vous devez produire un dossier complet avec les copies demandées.
Même si vous avez déjà déposé votre dossier l'année précédente, vous devez à nouveau fournir l'ensemble des documents l'année suivante.

3) La présentation d'un dossier incomplet conduira au rejet de la demande.
Toute déclaration incomplète ou inexacte peut constituer un délit pénal et peut conduire à l'exclusion du système d'aide à la scolarité (article D531-49 du Code de l'Éducation).
Des enquêtes sociales sur la situation des familles requérantes et la conformité aux déclarations peuvent être diligentées en application du décret n°91-833 du 30 août 1991.

4) Points de vigilance lors de la constitution du dossier
Lors de la constitution de votre dossier, vous devez porter une attention toute particulière aux points suivants :
- - la classe à indiquer sur le formulaire est celle de votre enfant à la rentrée.
- - la preuve des salaires : il convient de fournir l'attestation de votre employeur, votre contrat de travail, ainsi que le contrat de travail enregistré auprès du Ministère du travail émirien pour les demandeurs employés localement ;
- - les relevés bancaires de l'intégralité de l'année sont requis.

MODALITES DE DÉPÔT DES DOSSIERS ET DES PIÈCES JUSTIFICATIVES

Le dépôt du dossier complet se fait soit :

- en personne sur rendez-vous uniquement

Attention : N'attendez pas le dernier moment pour prendre rendez-vous et déposer votre dossier, l'afflux de demandes de rendez-vous dans les dernières semaines de la campagne ne permettrait pas au service compétent de donner satisfaction à toutes les familles.

- soit par envoi postal au Consulat général.

Consulat général de France à Dubai/French Consulate General
Service Bourses scolaires/Scholarship section
Habtoor Business Tower – Dubai Marina
PO BOX 3314 DUBAI

Pour la 2ème campagne : Le dépôt des dossiers peut être effectué dès que possible entre le jeudi 1er juillet avant le 30 septembre, délai de rigueur.

* la date limite de la campagne est fixée en Octobre. Aucun dossier remis au-delà de cette date ne sera examiné en commission locale.

Vérifier les dates avec le consulat.

QUEL EST LE COÛT DE LA VIE À DUBAI ?

VOUS AVEZ UNE SUPER OPPORTUNITÉ À DUBAI ? C'EST LE MOMENT DE BIEN NÉGOCIER VOTRE PACKAGE POUR NE PAS AVOIR DE MAUVAISES SURPRISES EN ARRIVANT.

Vous souhaitez faire le point sur le budget à prévoir au quotidien ? Et pour cela, vous avez besoin d'indicatifs précis et mis à jour sur le coût de la vie dans votre futur pays d'adoption Voici les coûts estimés des principaux postes de dépense.

1. LES COÛTS FIXES

• Le logement/le loyer :
À Dubai, les prix des loyers sont annoncés à l'année. Le marché étant à la baisse, de nombreux propriétaires acceptent désormais un paiement en plusieurs chèques (de 1 à 4 chèques). Il est à noter que le montant des loyers varie en fonction du quartier, de la qualité des infrastructures proposées et de la vue.

• Le logement/frais associés :
Lors de la location de votre habitation, vous devez prévoir les frais supplémentaires suivants :
– Caution (deposit) : 5 % pour un bien non meublé et 10 % pour un bien meublé.
– Frais d'agence : 5 % du montant annuel de la location + 5 % TVA

• Les charges du logement/DEWA + énergies :
DEWA ou Dubai Electricity and Water Authority est l'unique fournisseur d'eau et d'électricité de la ville. Votre facture mensuelle DEWA inclut également une taxe d'habitation municipale représentant 5 % de votre loyer annuel, dont le montant global est réparti mensuellement.

– Taxe d'habitation mensuelle : 5 % du montant annuel de la location divisée par 12. Par exemple avec un loyer à 130 000 AED, la taxe s'élève à 540 AED/mois. Par exemple avec un loyer à 240 000 AED la taxe s'élève à 1 000 AED/mois.
– La consommation d'eau et d'électricité varie selon votre consommation mais aussi en fonction de la taille de votre habitation, de son ancienneté, de la saison (utilisation de la climatisation) ... A noter qu'elle peut parfois être comprise dans le loyer.

La facture globale DEWA peut donc varier de 700 à 4 000 AED/mois.

• **Internet + TV + téléphonie :**
Les 2 opérateurs historiques (DU et Etisalat) possèdent encore le monopole sur le marché local des box Internet et TV mais Virgin Mobile vient de faire son entrée dans le secteur de la téléphonie. Le budget mensuel pour les télécommunications reste élevé malgré l'arrivée de ce nouvel acteur sur le marché. Vous ne trouverez pas de forfait intéressant à 9 euros tout compris comme c'est le cas en France !
– Etisalat propose des forfaits téléphones avec ou sans contrat : Pour un forfait téléphone « flexi » de 15 Go + 500 min : 225 AED avec engagement ou 250 AED sans engagement.
– Virgin Mobile propose des forfaits avec ou sans engagement sur 12 mois à partir de 40 AED/ mois. Pour un forfait avec engagement de 15 Go + 300 minutes à l'international et 100 minutes en local, vous paierez 230 AED/mois.
– Pack DU (Internet + box TV + appel gratuit sur les numéros fixes aux EAU) : entre 379 et 999 AED/mois suivants les options, notamment le débit Internet.

• **Le transport :**
– Location de voiture : à partir de 1300 AED/mois pour un petit modèle et à partir de 2800 AED/mois pour une voiture familiale (style Mistubishi Pajero). Pour plus de détails, consultez le site Onclickdrive, comparateur de prix pour la location de voiture à Dubai.

— Péage SALIK : 7 péages dans Dubai (retrouvez la localisation des péages) à 4 AED par passage soit environ 100-150 AED/mois
— Essence : comptez entre 180 et 350 AED pour un plein selon le modèle du véhicule.
— Les taxis, Uber et Careem (compagnie locale) sont également un bon moyen de transport à moindre coûts. A titre indicatif, une course de Dubai Marina à l'aéroport DXB coute entre 100 et 180 AED.
— Métro/bus : il existe des pass 7 jours / 30 jours / 90 jours. Pour un pass de 90 jours — Zone 1 : 330 AED — Zone 1 et 2 : 550 AED — Zone 1, 2 et 3 : 830 AED.

• **L'achat d'une voiture :**
Compte tenu de la modernité des infrastructures routières du pays et du coût de l'essence très bas, il n'est pas étonnant que beaucoup d'expatriés préfèrent circuler en voiture.

Si vous souhaitez conduire aux Emirats Arabes Unis, vous pouvez le faire dans un premier temps avec un permis de conduire international. Cela peut être suffisant pour la location d'un véhicule.

Des que vous aurez votre Emirate ID il vous faudra échanger votre permis français pour un permis de conduire émirati c'est obligatoire.Il va sans dire que l'alcool au volant est interdit, comme dans le monde entier. Néanmoins, les Emirats Arabes Unis appliquent une tolérance zéro face à la conduite en état d'ivresse, et vous risquez une forte amende, voire même la prison ! Pensez-y avant de prendre le volant.

C'est le moyen de transport le plus simple et le plus pratique pour se déplacer à Dubai car la ville est étendue sur près de 70 Km du nord au sud. De manière générale, l'achat d'une voiture est moins onéreux aux Émirats qu'en France.

• **Le ménage/maid :**
Si vous voulez vous décharger de votre ménage, vous pouvez avoir recours aux services d'une maid via une société de nettoyage. Ces agences imposent souvent 2 à 3h minimum de ménage lors de chaque déplacement.
— Heure de ménage/repassage : entre 35 et 40 AED en moyenne. Par exemple, pour un ménage de 4h par semaine : 640 AED/mois

• **La garde des enfants/nannies :**
Vous pouvez opter pour l'embauche d'une nanny en live-in (que vous sponsoriserez et qui vivra chez vous toute l'année) ; ou alors d'une nanny en live-out

— Nanny en live-in : entre 3 000 et 4 000 AED/mois Cette fourchette comprend le salaire de la nanny, ses congés payés annuels, un aller-retour dans son pays d'origine/an, son assurance santé et les frais de visas à renouveler chaque année.

— Nanny en live-out : il faut rajouter en général 1 000 AED/mois pour son logement et son transport. Si vous passez par une agence, elle pourra être sponsorisée par une entreprise de services et sera logée à ses propres frais.

Embaucher une aide à domicile est une pratique courante chez les expatriés installés à Dubaï. Vous avez le choix entre l'embauche d'une nanny en live-in (hébergée chez vous) ou en live-out (hébergée par ses propres moyens). Pour ce faire, vous devez répondre à certains critères, notamment en termes de salaire, et respecter quelques conditions pour pouvoir sponsoriser l'employé de maison que vous souhaitez embaucher.

EMPLOYER UNE MAID / AIDE À DOMICILE

EMPLOYER UNE MAID / AIDE À DOMICILE

L'expatriation est une aventure si riche qu'elle n'en demeure pas bouleversante de changements : nouveau pays, nouvelle culture, nouvelles habitudes de vie et nouvelle organisation à trouver.

À Dubai, que vous soyez en couple ou en famille, qu'on se le dise : le rythme est toujours intense ! Généralement, les amplitude horaires de travail sont plutôt importantes mais avec un accès facilité à de nombreux services permettant ainsi d'optimiser votre temps et votre énergie.
L'aide la plus répandue est souvent celle d'une maid, qui s'occupera de votre intérieur (ménage, repassage, éventuellement cuisine).

Si vous avez des enfants, notamment en bas âge et que vous travailliez, vous pourrez avoir besoin d'une nanny. Dans ce cas, celle-ci peut également remplir le rôle de maid en combinant son rôle de garde à celui de l'entretien de votre maison.

Dans chacune des configurations possibles, l'embauche d'une employée de maison requiert un certains nombres d'informations légales et logistiques à connaître, avant d'entreprendre des démarches concrètes en fonction de vos besoins.
En plus d'une employée de maison, sachez que vous pourrez vous offrir les services d'un agent de sécurité, d'un chauffeur privé ou d'un jardinier par exemple.
Bien souvent, ces professions sont exercées par des ressortissants de pays étrangers, donc les modalités qui seront expliquées dans ce guide pourront aussi s'appliquer pour ces services.

Spécifiquement concernant les maids et les nannies, il faut savoir que vous pouvez sponsoriser uniquement les ressortissantes des pays suivants (sauf cas assez rares) :
• Bangladesh,• Éthiopie,• Inde,• Indonésie,• Kenya,• Népal,• Philippines,• Sri Lanka

Chose importante à prendre en compte si vous souhaitez engager une employée de maison à Dubai, ce n'est pas le gouvernement qui fixe les règles en matière d'âge légal ou de salaire, mais bien le pays du ressortissant, ainsi, en fonction du pays, certains points diffèrent.

Quel type de contrat choisir ?

En fonction de vos besoins, vous avez alors le choix entre :

• Une présence à domicile, appelée « live-in »
Votre employée de maison vit chez vous, dans un espace dédié (chambre, petit studio). Cette formule est la plus engageante puisqu'elle inclut votre employée de maison dans votre quotidien, auprès de chacun des membres de la famille. Cette option offre plus de flexibilité sur les horaires ou sur les besoins en baby-sitting par exemple.

• Une présence journalière appelée « live-out »
Votre employée de maison travaille chez vous mais vit dans son propre logement. Si vous la sponsorisez en direct, vous avez donc les frais de son logement et transport jusqu'à votre domicile à vos frais.
 C'est une option personnellement moins engageante, comme n'importe quelle employée, celle-ci rentre à la fin de sa journée à son domicile. Cette option est intéressante pour les personnes ne souhaitant pas avoir quelqu'un d'extérieur, vivant sous leur toit.

• Un temps complet
Votre employée de maison travaille toute la journée, sur une plage horaire préférablement définie en amont.

• Un temps partiel
Votre employée de maison travaille à mi-temps ou de manière plus ponctuelle en fonction de vos besoins. Bien-sûr, se pose également ici la question du coût et des différentes procédures à engager que ce soit par un recrutement en direct (vous sponsorisez votre employée de maison) ou via une agence.

Dans le cadre d'un recrutement en direct, vous paierez le sponsoring du visa, les congés payés, l'assurance maladie obligatoire, un aller-retour par an dans le pays d'origine, le salaire ainsi que le logement et transport si votre employée est en live-out.

Comment trouver une maid/nanny à plein temps à Dubai ?

• Passer par une agence
Il en existe de nombreuses sur Dubai et, si le coût de recrutement est généralement plus élevé que de passer en direct, l'agence à l'avantage de s'occuper de toutes les procédures administratives ainsi que de diverses situations qui peuvent se présenter à vous, comme le renouvellement du contrat et le remplacement de cette dernière.

• Passer en direct
Cette solution est parfaite si vous avez du temps devant vous pour trouver des candidates, faire passer les interviews et vous occuper du côté administratif. C'est une solution plus économique mais qui demande que vous investissiez de votre temps, et sans forcément de garantie satisfaction. Vous êtes le responsable direct de votre employée dans les bons, mais parfois aussi dans les mauavis moments.
 Pour ce qui est de trouver des candidates, le bouche à oreille fonctionne parfaitement et d'autres solutions sont disponibles, notamment les sites Internet tels que Helper Place qui vous permettent d'accéder à des milliers de profils pour trouver la parfaite domestic helper ou maid aux Emirats, y compris à Dubaï.

Quelle procédure pour sponsoriser une employée de maison à plein temps ?
Assurez-vous d'être éligible
Pour pouvoir prétendre à sponsoriser le VISA d'une employée de maison, il faut répondre à certains critères et respecter les règles suivantes .

:
- Seul le chef de famille peut être le « sponsor » officiel et c'est généralement l'homme.
- Le salaire du « sponsor » doit être au minimum de 6000 dirhams par mois ou de 5000 avec un logement de fonction.
- Les personnes célibataires ne peuvent prétendre à sponsoriser une maid, ceci est réserver aux couples.
- Officiellement, vous pouvez sponsoriser le VISA d'une ressortissante issue des six pays mentionnés ci-dessus mais des dérogations peuvent être obtenues si vous en faites la demande auprès des autorités.

Les étapes pour « sponsoriser » une maid

Plusieurs étapes sont nécessaires pour que vous puissiez recruter une maid :
- La demande de permis de travail pour lui permettre d'entrer aux Émirats.
- La demande de VISA qui va permettre à votre employée d'entre aux Émirats.
- Le passage des tests médicaux, une fois que la personne est entrée le territoire.
- L'obtention du tampon sur le passeport de l'employée de maison.
- La demande de carte d'identité des Émirats qui est nécessaire pour votre maid.
- L'obtention de la carte « Domestic Worker ».

Le permis de travail
Ici aussi, plusieurs étapes sont nécessaires :
- Faire une demande permis de travail (« employment entry permit »).

Ici, il faudra vous rendre dans un « typing center » qui sont des centres chargés de suivre les procédures administratives dont les VISA .

Les prix peuvent varier en fonction de l'urgence de la demande mais on parle ici de divers paiements qui atteignent généralement entre 600 et 800 dirhams).

• Fournir l'ensemble des documents et le formulaire au « General Directorate of Residency and Foreigners Affairs Dubai » (GDRFA), pour récupérer le précieux sésame contre une caution remboursable de 2000 dirhams.
• Envoyer le certificat à votre future employée et plusieurs solutions s'offrent à vous :
 o Vous pouvez envoyer l'original mais si elle est à l'étranger, vous vous exposez à une possible perte lors du transport.
 o Vous pouvez envoyer une copie, ce qui est plus sûre et déposer l'original soit au comptoir DNRD (General Directorate of Residency and Foreigners) ou DNATA (compagnie de transport des Émirats) de l'aéroport de Dubai. Une fois le permis de travail envoyé, votre maid pourra entrer sur le territoire et il faudra alors passer à l'étape du VISA.

Le VISA de résidence

La demande du VISA de résidence doit se faire dans les 30 jours suivant l'arrivée de votre « domestic helper » aux Émirats et pour se faire, il faudra vous rendre de nouveau dans un « typing center » pour compléter le formulaire et fournir les documents suivants :
• Les fiches de payes du sponsor OU le contrat de travail (documents traduits en arabe).
• Le contrat de bail du sponsor prouvant qu'au minimum deux chambres sont disponibles, donc une pour votre employée.
• L'attestation « Ejari » qui permet d'enregistrer officiellement le bail auprès des autorités concernées.
• Le passeport du sponsor et une copie de celui de votre future employée
• Trois photos de passeport pour votre future employée
Les tests médicaux (Medical Fitness Report)

Le gouvernement est très pointilleux sur ces tests et ils ne concernent d'ailleurs pas uniquement que les employées de maison mais bien tous les travailleurs étrangers désireux de poursuivre leur carrière aux Émirats.

Toujours dans les 30 jours suivant l'arrivée de votre maid sur le territoire, il faudra vous rendre avec elle dans un centre médical agréé (voir la liste sur le site du gouvernement) pour passer des tests qui visent à détecter certaines maladies comme le HIV, l'hépatite B ou la syphilis.

A noter que des tests de grossesses seront également effectués. Les prix peuvent varier mais ils tournent autour des fourchettes suivantes en fonction des délais pour la remise des résultats :
- 5 à 6 jours ouvrés : 325 dirhams.
- 48 heures : 420 dirhams.
- 25 heures : 520 dirhams.
- 4 heures : 740 dirhams.

(les prix peuvent évoluer).

Les résultats des tests seront directement envoyés au DNRD et le « sponsor » recevra une notification par SMS pour l'informer que les résultats sont prêts à être livrés. La carte d'identité (Emirates ID) toujours dans les 30 jours suivant l'arrivée, il faut faire les démarches pour obtenir la carte de résident et vous pourrez soit vous rendre de nouveau dans un « typing center ».

L'obtention du VISA et de la carte « domestic worker »
Avec tous les documents que vous avez précédemment donnés, les formulaires remplis, les tests médicaux passés et la demande de carte de résident en main, vous pourrez, dans une branche du GDRFA (General Directorate of Residency and Foreigners), faire la demande de VISA et vous acquitter de 5200 dirhams.

Quelques informations pratiques concernant cette étape :
- Au moment où vous serez appelé pour soumettre votre demande de résidence, n'oubliez pas de vous munir des documents suivants :
  o Permis de travail tamponné (employment entry permit).
  o Passeport original de votre employée ainsi que des photos d'identité.
  o Passeport original du sponsor.
  o Reçu de la caution.
  o Fiches de payes ou du contrat de travail du sponsor.

o Venez avec l'employée que vous souhaitez sponsoriser.
o Vous devez déclarer le montant du salaire à l'officier qui traitera votre demande.
o Vous recevrez trois exemplaires du contrat que chaque partie doit signer (le sponsor, la maid, l'officier) et vous recevrez deux copies, votre maid en aura une également.

Uniquement à ce moment-là, l'officier tamponnera le VISA pour une durée d'un an et l'officier vous remettra la carte « Domestic Worker » puis il faudra vous rendre au « typing center » pour mettre à jour le dossier et recevoir cette carte.
A noter que la caution de 2000 dirhams vous sera rembourser que lorsque votre maid partira des Émirats. Il faut donc garder les documents attestant de ce dépôt.

Quel salaire net minimum pour une maid à Dubai ?
Le salaire minimum d'une maid est fixé en accord avec les gouvernements des ressortissantes mais ne représente pas la réalité du marché .
Si vous avez un doute, il faut directement passer par les ambassades des pays concernés.
À son salaire doivent s'ajouter :
– 4 semaines de congés payés
– une couverture médicale minimum
– un aller-retour par an dans le pays d'origine
– le logement et le transport (en live-out)
Sont laissés à la liberté de chacun, mais sont observés dans la pratique :
– une prime de fin d'année
– une augmentation de salaire en fonction du nombre d'enfants gardés

Comment renouveler un VISA ?
Le VISA de votre employée de maison doit être renouvelé tous les ans. Il faut vous rendre dans un « typing center , et récupérer les documents suivants :
• Le formulaire médical, gratuit mais que certains centres facturent 20 dirhams.

- Le formulaire de demande de renouvellement de VISA. Vous devrez vous acquitter de 5080 dirhams et parfois plus si la demande est urgente.
- Il faudra également ajouter diverses charges.

L'annulation d'un VISA

Vous pouvez annuler un VISA de deux manières :
- Dans une branche du GDRFA et dans ce cas-là, il faudra faire une demande d'annulation via un formulaire et vous acquitter de 70 dirhams et certaines charges. Il faudra soumettre le dossier avec le passeport original de votre maid et sa carte de travail.
- Directement à l'aéroport, à l'immigration, une fois l'embarquement effectué. Il vous en coûtera 100 dirhams mais essayez de vous y rendre à l'avance car il peut y avoir du monde. Vous récupérerez deux reçus, un pour votre helper qui devra le donner à l'immigration, à l'aéroport, et un pour vous-même qui vous servira à récupérer votre caution de 2000 dirhams.

.

Si avoir une aide à domicile à Dubaï demande quelques procédures, nuls doutes qu'elle vous sera d'une valeur inestimable pour vous aider dans vos tâches parentales et ménagères. Dans une ville où le travail laisse peu de place aux loisirs, votre employée de maison vous permettra d'avoir un équilibre plus sain. N'hésitez pas à nous faire part de vos commentaires si vous avez des questions concernant l'embauche d'une aide aux Émirats.

Et aussi un point sur la couverture santé obligatoire de vos maids, à partir du 30 juin 2016 :

• LA COUVERTURE SANTÉ DE VOS AIDES À DOMICILE

Aujourd'hui considérées par beaucoup comme une aide précieuse au sein de nos familles, les maids et aides à domicile vivent et travaillent aux Emirats, loin de leurs pays et de leurs proches. Bien souvent, leurs revenus ne permettent pas la souscription à une assurance santé.

C'est pourquoi, en tant qu'employeurs, vous avez la responsabilité de souscrire à un plan d'assurance, afin de prémunir vos employés contre les risques de santé auxquels ils peuvent être confrontés.

Tous les porteurs d'un visa de résidence sur Dubai, devront justifier d'une couverture médicale depuis le 30 juin 2016.
 En effet, l'absence de souscription ou le retard de celle-ci pourra entrainer une pénalité de 500 dhs/mois (tout mois entamé sera considéré comme dû).

Une couverture essentielle
AXA propose un « Essential Benefits Plan » permettant de couvrir vos besoins en assurance pour votre employé(e). Ce package est au prix de 659 dhs/an (soit moins de 2 dhs par jour) pour une couverture locale durant la période de résidence.
 Cette couverture donne à l'assuré(e) accès à des soins au sein d'un réseau d'hôpitaux, de cliniques et de pharmacies ainsi qu'à la plate-forme médicale multilingue d'AXA Gulf pour une assistance personnalisée 24h sur 24 et 7 jours sur 7. Pour connaître l'ensemble des conditions applicables, rendez-vous sur le site web d'AXA.

Quelle est la démarche ?
Afin d'accéder à l'offre vous pouvez vous rendre sur le site d'AXA dédié à la couverture santé.
Pour plus d'informations, vous pouvez appeler directement le 800 4848 ou vous rendre dans un point de vente AXA :
 • AXA shop Mall of the Emirates, de 10h à 22h 7/7

LES COMMERCES

LES COMMERCES

SUPERMARCHÉS, PHARMACIES, COIFFEURS, CENTRES COMMERCIAUX… : TOUT EST OUVERT TOUS LES JOURS DE LA SEMAINE ET JUSQU'À TARD LE SOIR. CERTAINS SUPERMARCHÉS RESTENT OUVERTS 24H/24H ET, SOUVENT, LES SUPÉRETTES DE QUARTIER LIVRENT À DOMICILE, SANS FRAIS SUPPLÉMENTAIRE OU ALORS 5AED/7AED.

Notez que certains supermarchés comme Spinneys, Waitrose ou encore Choithram disposent d'une « pork room ». Il s'agit d'une section un peu à l'écart, où les musulmans ne pénètrent pas et où vous pourrez acheter des produits à base de porc.

Côté shopping, évidemment, vous ne manquerez de rien, Dubaï étant la ville des centres commerciaux par excellence. Vous trouverez un très grand nombre d'enseignes internationales (presque toutes les marques sont présentes à Dubaï) des marques de luxe aux enseignes plus abordables.

LE SHOPPING DÉTAXÉ À DUBAI

Qu'est-ce que le shopping détaxé ?

Les É.A.U ont mis en place une taxe à valeur ajoutée (TVA) de 5 % en 2018, mais les visiteurs peuvent toujours profiter d'un shopping détaxé. La TVA sur les marchandises que vous avez achetées lors de votre séjour aux É.A.U et que vous souhaitez ramener dans votre pays peut vous être remboursée.

Les remboursements ne sont toutefois pas applicables à tout ce qui a été consommé, totalement ou en partie, dans les Émirats Arabes Unis, ainsi qu'aux biens que les touristes ne ramènent pas avec eux lorsqu'ils quittent le pays.

Comment puis-je effectuer une demande de remboursement ?
- Au magasin, demandez un achat en détaxe – valide pour une dépense minimale de 250 AED.
- Présentez votre passeport pour qu'il soit scanné sur l'appareil de paiement.
- Le vendeur attache ensuite une étiquette « détaxe » au verso de votre reçu.
- Un formulaire numérique de détaxe est ainsi créé, assurez-vous de le valider avant votre départ.
- Les étiquettes « détaxe » doivent être validées dans les 90 jours suivant la date d'achat.

Comment les marchandises sont-elles validées ?
- Les touristes doivent apporter les marchandises et le reçu aux points de validation de détaxe de l'Aéroport de Dubaï présents dans tous les terminaux. N'oubliez pas de le faire avant de vous enregistrer pour votre vol et de passer les contrôles de sécurité.
- Rappelez-vous que vous devrez peut-être passer par d'autres contrôles de validation et il pourra vous être demandé de remettre les marchandises pour inspection. Planifiez donc à l'avance.
- Une fois les marchandises validées, optez pour la méthode de remboursement de votre choix.
- Des points de validation de détaxe sont également disponibles au Port Rashid pour les passagers de croisière, et à la frontière entre Oman et Hatta.

Puis-je être remboursé plus rapidement ?
Si vous êtes pressé, rendez-vous dans l'un des kiosques en libre-service Planet Payment de l'Aéroport International de Dubai (DXB) ou de l'Aéroport International d'Al Maktoum au Dubai World Central (DWC).
Vous pouvez y soumettre vos factures fiscales, ainsi que votre passeport et votre carte de crédit, et le kiosque traitera automatiquement les remboursements.
Aucune limite n'est fixée pour les montants remboursés sur la carte bancaire d'un visiteur, mais les remboursements en espèces sont limités à 10 000 AED par jour.

Des kiosques automatiques Planet Payment sont par ailleurs disponibles au Dubai Mall et le seront bientôt dans de nombreux autres endroits en ville.

Pour une liste complète des modalités et conditions, rendez-vous sur planetpauyment.ae

Sachez que certaines collections des grandes marques sont différentes ici par ici à comparaison de l'Europe, mais que les prix sur les articles vendus partout par les marques seront -cher en Europe par rapport à ici surtout les articles luxes.

POURBOIRES

LES POURBOIRES À DUBAÏ

FAUT-IL LAISSER UN POURBOIRE À DUBAÏ ?

Dubai est reconnue pour ses services d'un niveau particulièrement élevé.

Dans une ville où même un repas McDonalds peut vous être livré, une question se pose :

Dois-je laisser un pourboire ? Bien qu'il n'existe aucune règle établie, le fait de laisser un pourboire varie de profession en profession et dépend en fait de votre bon vouloir.

Il est assez courant de laisser un pourboire à Dubai, mais ce n'est pas pour autant une obligation. Voici un guide pratique qui vous aidera certainement pendant votre séjour

Aux chauffeurs de taxi :
À Dubai, vous trouverez des taxis en abondance et pour un tarif assez modique ; c'est pour cette raison que laisser un pourboire aux chauffeurs est une pratique courante.
Habituellement, un petit pourboire de 10 AED suffira, mais les passagers ont plutôt tendance à simplement arrondir le prix de la course, en permettant aux chauffeurs de garder la monnaie.

Aux voituriers et garçons d'hôtel :
Une fois de plus, il est d'usage de laisser un pourboire au personnel des hôtels et aux voituriers, mais ce n'est pas obligatoire, alors ne vous inquiétez pas si vous n'avez pas de monnaie sur vous. La plupart des gens laissent environ 5 AED, mais vous pouvez leur laisser un peu plus si votre bagage est lourd, ou si vous en avez plusieurs.

Aux serveurs et serveuses :
La plupart des restaurants indiquent au bas du menu que les taxes et frais de service sont déjà inclus dans votre addition, mais il est assez fréquent pour les clients des restaurants de Dubai de laisser un pourboire au personnel. Un pourboire de 10 à 15 % de votre note est courant, mais ce dernier dépendra largement de la qualité du service, le mieux étant simplement d'arrondir le prix à la prochaine dizaine

Au personnel de spa et de salon de beauté :
Selon le soin choisi, le pourboire peut varier de 5 AED ou de 10 à 15 % de la valeur du soin. Les soins moins importants comme les manucures ou pédicures requièrent un petit pourboire, tandis qu'un pourboire plus important sera généralement laissé lors d'une coupe de cheveux ou d'un massage.

Aux chauffeurs-livreurs :
Pour vos livraisons de repas ou de courses (à Dubai, vous pouvez vous faire livrer presque tout),
il est courant de laisser la monnaie de votre achat au chauffeur-livreur. Il s'agit là d'un simple geste de gratitude, mais cela permet également au
chauffeur-livreur de ne pas avoir à chercher pour rendre la monnaie.

Recevoir un pourboire est toujours apprécié par le personnel, mais ce n'est pas non plus absolument attendu. Que vous laissiez 1 % ou 50 % de votre note, le plus important reste que vous traitiez le personnel avec respect.

LES ANIMAUX DE COMPAGNIE

AVANT TOUTE CHOSE, POUR AVOIR LE DROIT D'ENTRER SUR LE TERRITOIRE DES EAU, VOTRE ANIMAL DE COMPAGNIE (CHAT, CHIEN) DOIT REMPLIR UN CERTAIN NOMBRE DE CRITÈRES ET OBTENIR UN PERMIS D'IMPORTATION VALABLE 30 JOURS À LA DATE DE DÉLIVRANCE.

Attention, le Ministry of Climate Change and Environment (MOCCAE) impose des conditions différentes si le pays de provenance est classé à faible risque ou à haut risque. A noter que la France se trouve dans la deuxième catégorie.

– L'animal doit être âgé de plus de 12 semaines au moment de la vaccination initiale. Il pourra rentrer sur le territoire, s'il a (selon le pays d'exportation) au moins 15 ou 27 semaines au moment de l'importation.
– Un maximum de deux animaux de compagnie par personne sont autorisés à entrer sur le territoire émirien.
– Il devra arriver en cargo et non pas en bagage accompagné ou en cabine.
– Certaines races de chiens sont interdites aux Emirats parmi elles : Boxeurs, Doberman Pinschers, Rottweilers, tous les Pit Bull Terriers, Staffordshire Terriers (anglais et américain) American Bully, tous les Mastiffs (y compris les Tosa Inu et Canario Presa) ainsi que tous les chiens croisés avec des loups ou croisés avec l'une des races ci-dessus.
– Dubai a, par ailleurs, ses propres règles en matière d'importation de races de chiens et certaines (Bull Terrier, Husky, Bulldog Shar Pei, etc.), sans être interdites, sont soumises à des restrictions particulières (port de la muselière notamment).
– Votre animal de compagnie doit porter une puce électronique. La puce électronique permet l'identification officielle des animaux de compagnie. L'opération pour l'implanter est bénigne, posée au niveau du cou, de la taille d'un grain de riz.

L'identification des chiens et des chats est obligatoire en France depuis le 22 juin 1989, par tatouage ou puce électronique.
Une fois sur place, vous devez savoir que Dubai oblige l'enregistrement auprès de la municipalité de tous les animaux de compagnie. Les chiens doivent toujours être tenus en laisse dans les espaces publics. Ils sont également interdits dans la plupart des lieux publics dont les plages, les parcs et jardins.

• **FORMALITES ADMINISTRATIVES IMPOSEES PAR LE MOCCAE**
Documents et examens médicaux à présenter aux autorités au moment de l'arrivée de votre animal :

– Un certificat de santé international émis par un organisme gouvernemental du pays d'origine. Ce certificat doit être valide à la date d'entrée aux Emirats (certificat dûment daté et tamponné par le vétérinaire agréé).

– La copie du passeport du propriétaire : si vous passez par un organisme spécialisé la demande de permis sera faite à votre nom via leur intermédiaire et il ne sera pas nécessaire d'avoir votre visa de résident. Si vous faites la demande par vous-même ce n'est en principe pas nécessaire, pour les chiens et chats uniquement.

– Carnet complet de vaccination ou passeport de l'animal indiquant clairement toutes les informations concernant votre animal : nom, espèce, race, date de naissance, sexe, couleur ainsi que le numéro de puce électronique (les tatouages ne sont pas reconnus comme preuve d'identification par le MOCCAE), les détails du vaccin anti rabique (série, laboratoire, date d'expiration).

Attention, lors de la demande de permis d'importation aux EAU, le certificat de vaccination antirabique doit être de 21 jours minimum même pour les pays à faible risque.

– Pour les pays classés à haut risque : un certificat de vaccination anti rabique avec titrage sérique (RSNT) qui doit être conduit par un laboratoire agréé – daté de plus de 12 semaines et de moins de 12 mois avant la date de départ. Le titrage effectué doit se faire au moins 21 jours après la vaccination et le résultat doit être supérieur ou égal à 0,5 UI/ml. Il est recommandé d'en avoir 2 exemplaires originaux (si votre animal de compagnie rentre par Abu Dhabi le Ministère gardera l'original du certificat !).

— D'autres vaccinations sont obligatoires en fonction de l'animal
Chat : Panleucopénie félin, Rhinotrachéite infectieuse féline, Calicivirus félin.
Chien : maladie de carré (CDV), hépatite contagieuse du chien, leptospirose et parvovirus du chien.

L'animal devrait avoir reçu un traitement anti parasitaire interne et externe dans les 14 jours précédant le voyage.

Obtention du permis d'importation :
Vous pouvez faire la demande sur le site du gouvernement ou passer par un organisme local qui se chargera de toute la procédure pour vous.

Vacances : votre animal est résident aux EAU
Si vous vivez déjà aux Emirats avec votre compagnon à quatre pattes et que vous souhaitez partir en vacances avec lui, une procédure allégée est mise en place pour son retour.

• Vous devrez présenter les documents suivants :
 — Un certificat de bonne santé qui aura été établi par les autorités compétentes du pays où vous avez séjourné.
 — La copie du certificat sanitaire délivré par le MOCCAE au moment de sa sortie du territoire émirien
 — Son vaccin contre la rage devra toujours être valide au moment du retour sinon vous serez amené à suivre les formalités précédemment énoncées.
• Budget à prévoir :
 — Coût du permis : 503 AED
 — Inspection vétérinaire : 503 AED pour un chat 1 003 AED pour un chien
Ces frais sont payables par « E-dirhams Card » ou par CB. Le paiement s'effectue à l'aéroport au moment du dédouanement.
Délai : un jour ouvré pour l'obtention (attention vendredis et samedis sont fériés aux EAU)
Validité : 30 jours à partir de la date d'émission.

La législation et les procédures changent vite aux EAU aussi il est recommandé de revérifier toutes les informations le moment venu.

Il est très important de s'assurer que tous les documents originaux requis voyagent avec votre animal afin de ne pas retarder la procédure de dédouanement. Si tous les documents originaux ne sont pas présentés avec votre animal à l'arrivée vous risquez une amende de 5 000 AED.

- **LES DIFFERENTES ETAPES A SUIVRE**
- Au départ de France, dès que vous connaissez vos dates de départ

ETAPE 1 : Vous pouvez organiser vous-même le transport de votre animal en prenant contact avec les compagnies aériennes, pour en connaître le coût et les conditions, ou faire appel à une compagnie spécialisée dans le transport d'animaux vivants.
 Vous mettre en relation avec l'une de ses compagnies vous assure un voyage dans les règles, en toute sécurité.
 Une fois le contact pris, une personne sera chargée du suivi du voyage de votre animal de compagnie. Cet interlocuteur s'occupera de :
 • Réserver le billet de votre animal de compagnie pour la date convenue.
 • Vous rappeler l'ensemble des étapes à passer pour l'obtention de l'ensemble des documents nécessaires au voyage de votre animal de compagnie.
 • Réceptionner votre animal au départ des vols en avion-cargo à l'aéroport.

Il existe plusieurs agences de relocation d'animaux de compagnie :
Les agences à Dubai :
Dubai Kennels & Cattery : téléphone : +971 4 221 4800 ; e-mail : relocations@dkc.ae
ABVC : téléphone : +971 4 340 8601 ; e-mail : info@abvc.ae
Les agences internationales :
Golden Way Pets
Bagages du Monde / Air Transport Animal
 Comptez en moyenne entre 700 et 1 000 euros pour la prise en charge du voyage par une société spécialisée.

• Conseillé : 3 à 1 mois avant le départ

ETAPE 2 : Prenez rendez-vous chez votre vétérinaire
 À noter : même si la plupart des vétérinaires possèdent le mandat, vérifiez que votre vétérinaire soit bien mandaté « sanitaire » et autorisé à agir pour le compte de l'État.
 • Demandez un check-up complet de votre animal de compagnie (c'est l'occasion !)
 • Faîtes Vacciner (ou faire le rappel) de tous les vaccins obligatoires et notamment celui de la rage (appelé CHPLR)
 • Faîtes faire par le vétérinaire un prélèvement sanguin de votre animal, que vous enverrez auprès d'un laboratoire agréé (le plus proche, communiqué par votre vétérinaire) afin d'effectuer le titrage sérique contre la rage (si vous arrivez de France).
 Ce prélèvement permet de s'assurer que le vaccin est effectif et que l'animal n'est pas contaminé.
 Les résultats (tamponnés et signés) vous seront adressés directement à votre domicile et votre vétérinaire en recevra une copie.
 • Demandez la création du passeport de votre animal par votre vétérinaire : équivalent à sa pièce d'identité (description, identification, mises à jour des vaccins, traitements etc.)
 • Achetez une caisse de transport conforme aux normes IATA et spécialement conçue pour le transport aérien.
 Pour en savoir plus sur les normes IATA en vigueur, cliquez ici. Des cages de transports valides sont notamment vendues sur le site d'Air France, cliquez ici.

 • **Conseillé : 14 jours à 1 semaine avant le départ**

ETAPE 3 : la plus importante
 • Une nouvelle consultation est indispensable chez le vétérinaire afin qu'il puisse vermifuger votre animal et lui administrer un traitement antipuce.
 Attention : Votre vétérinaire devra le reporter dans le passeport de l'animal. Ce feuillet vous sera demandé au moment du passage à la douane.

• Faites également établir un certificat international de bonne santé (ils sont en général toujours pré-remplis en anglais), le vétérinaire peut le remplir en français.
• Rendez-vous à la Direction Départementale des Services Vétérinaires de votre département (il n'est pas nécessaire de prendre un rdv, on vous donnera souvent une plage horaire de venue) pour faire viser (tampon + signature) le certificat international de bonne santé.

Attention : prenez en considération le fait que ces organismes sont souvent ouverts en semaine et en demi-journée,
 la présence de vétérinaires dans les locaux dépend également des urgences sanitaires nationales.
Vous devez être muni :
 – Du certificat international de bonne santé.
 – Du passeport dûment complété par votre vétérinaire (tampons + signatures).
 – Vos résultats négatifs de titrage sérique envoyé par le laboratoire agréé.
 – Votre pièce d'identité.

Attention : il est important que la personne se déplaçant à la DDSV soit la personne désignée propriétaire sur l'identification de l'animal.
 Le certificat doit être daté (par le vétérinaire et par la DDSV) de moins de 8 jours avant le départ, sinon il vous sera refusé.

ETAPE 4 : Vous pouvez faire la demande d'IMPORT PERMIT directement sur le site du MOCCAE.
Avant le départ :
 Demandez conseil à votre vétérinaire, un petit traitement d'une semaine contre le stress peut permettre à votre animal de mieux vivre ce voyage et ce changement d'environnement.
 Du côté de l'alimentation, pensez à bien l'hydrater avant et après le voyage (alimentation plus liquide et lui proposer beaucoup d'eau).
À l'arrivée à Dubai :
 Après votre arrivée dans le terminal passager, il faudra vous rendre au CARGO Village pour récupérer votre animal.

Dès l'arrivée du vol, votre animal sera amené dans une zone spéciale (climatisée) de l'aéroport (entre 30 et 60 minutes après avoir quitté l'avion). Le dédouanement ne commencera pas avant 1h30 à 2h et il peut se passer entre 3h et 5h entre le moment où votre animal est débarqué et celui où il quitte l'aéroport, aussi soyez patient !

Avoir un chien à Dubai suppose également de respecter un certain nombre de règles :

– Dubai impose que tous les chiens soient vaccinés, pucés et enregistrés auprès de la municipalité.
 – Les Emirats ont dressés une liste de race de chien interdits sur le territoire. Dubai va plus loin en imposant des contraintes supplémentaires, comme le port de la muselière, pour certaines catégories de chien.

Avant d'emménager dans votre appartement ou villa, renseignez-vous au préalable si les animaux de compagnie sont acceptés. De nombreux buildings ainsi que certains propriétaires ou communautés les refusent.

 Les chiens doivent être tenus en laisse en public sous peine de recevoir une forte amende. Ils sont aussi interdits dans la plupart des lieux publics dont les plages et la majorité des parcs de l'Émirat.

 L'été, il vous faudra rivaliser d'ingéniosité pour arriver à sortir et à dépenser votre quadrupède sans risquer de lui brûler les pattes avec un macadam pouvant atteindre les 60° !

Enfin, oubliez tout de suite toute velléité d'acquérir un animal exotique sous le seul prétexte que vous vivez aux Émirats.

Depuis 2016, la loi encadre de manière très stricte la possession, l'élevage et le commerce d'animaux exotiques et dangereux !

• LES FORMALITES ADMINISTRATIVES POUR SON ANIMAL

Dubai Municipality
Si vous êtes l'heureux propriétaire d'un chien ou d'un chat, vous devez vous acquitter de quelques formalités chaque année auprès de Dubai Municipality.

– Il est obligatoire que votre animal à quatre pattes porte une puce électronique et que ses vaccins en particulier celui de la rage soient à jour et renouvelés chaque année avant son expiration.

– Votre animal doit être enregistré auprès de Dubai Municipality. Il ne peut se faire que s'il remplit les conditions ci-dessus et si vous avez une adresse à Dubai. Pensez à vous munir de votre ID ou de votre passeport avec votre visa de résidence valide car il vous sera demandé par votre vétérinaire qui se chargera de l'enregistrement.

Comptez entre 10 et 75 AED pour l'enregistrement de votre animal en fonction de la clinique vétérinaire.

– Une fois l'enregistrement effectué, il vous remettra un Tag correspondant à un numéro d'identifiant unique que votre animal devra porter en permanence afin de le retrouver plus facilement en cas de disparition.

A noter que si vous n'effectuez pas ces démarches, vous vous exposez là encore à une amende.

Perte de son animal à Dubai
Si votre chien ou chat a disparu, la première chose à faire est de prendre contact avec le Département vétérinaire de Dubai Municipality au 04-289 1114 afin de les avertir.
Au-delà des traditionnelles affiches que vous pouvez placarder autour de votre domicile, prenez contact avec les cliniques vétérinaires de votre quartier car elles sont en mesure de pouvoir scanner les puces des animaux qu'elles auraient pu recueillir. N'hésitez pas à contacter différents refuges et à poster un avis de recherche avec une photo de votre animal, vos coordonnées ainsi que les derniers chiffres de sa puce électronique sur les réseaux sociaux, notamment sur des groupes dédiés comme Dubai Pet Lost and Found ou Lost and Found Pets In The UAE.

Maltraitance et abandon d'un animal à Dubai

Si vous êtes témoin de maltraitance envers un animal, le Minitry Of Climate Change and Environment (MOCCAE) a mis en place une plateforme qui permet de signaler tout incident ou abandon d'un animal. Vous pouvez également contacter directement Dubai Municipality au numéro suivant 800 900.

Abandonner son animal dans la rue est fortement réprimandé aux Emirats avec la loi fédérale N° 18 de 2016 pouvant aller jusqu'à une peine de prison. La loi précise que si vous ne voulez pas garder votre animal de compagnie, il doit être remis aux autorités compétentes, notamment un refuge.

• VOYAGER AVEC SON ANIMAL DE COMPAGNIE

Si vous décidez de partir en vacances avec votre boule de poil, sachez que les mêmes procédures s'appliquent que pour importer ou exporter votre compagnon des Emirats.

Nous vous recommandons de bien vous renseigner auprès du Minitry Of Climate Change and Environment (MOCCAE) ainsi qu'auprès de votre vétérinaire pour connaître les contraintes et examens nécessaires en fonction du pays de destination/origine.

Vous pouvez également vous faire accompagner dans votre démarche auprès de différentes sociétés spécialisées dans la relocation des animaux.

Les agences locales :
– Dubai Kennels & Cattery : téléphone : +971 4 221 4800 ; e-mail : relocations@dkc.ae
– ABVC : téléphone : +971 4 340 8601 ; e-mail : info@abvc.ae

Les agences internationales :
– Golden Way Pets
– Bagages du Monde / Air Transport Animal.

• ADOPTER UN ANIMAL DE COMPAGNIE À DUBAI

Prendre la décision d'accueillir un animal, que ce soit un chien ou un chat, ne doit pas se faire sur un coup de tête. Elle doit être mûrement réfléchie et prise en accord avec tous les membres de la famille car vous allez devoir vous en occuper pour les 15 à 20 prochaines années !

Il y a énormément de chiens et de chats qui attendent un foyer à Dubai, nous ne saurions que trop vous recommander de privilégier l'adoption !

Les associations

La seule association reconnue par les autorités émiriennes est Emirates Animal Welfare Society EAWS. Il existe partout aux Emirats de très nombreuses associations (membres d'Emirates Animal Welfare Society EAWS).

En voici quelques-unes :

– Pearls of Emirates qui a pour vocation d'éduquer les plus jeunes autour du bien-être animal et de la préservation de l'environnement. Depuis 2019, l'association a une branche dédiée à l'adoption : J'adopte un animal – Rescues from abroad

– 38 Smiles (38 Smiles)

– K9 Friends (K9 Friends Dubai) est spécialisée dans l'adoption de chien

Les groupes sur les réseaux sociaux

Il existe aussi de nombreuses communautés sur Facebook dédiés au sauvetage et à l'adoption

– The Bin Kitty Collective

– Adopt a Rescu Cat Dubai.

Procédure d'adoption d'un animal de compagnie à Dubai

Tous les animaux proposés à l'adoption aux Emirats ont tous été sauvés d'une manière ou d'une autre. Ils ont été éventuellement soignés et sont tous vaccinés, stérilisés, vermifugés, microshippés et enregistrés auprès de Dubai Municipality.

Si vous êtes décidé à adopter, vérifiez au préalable que votre propriétaire ainsi que la communauté dans laquelle vous vivez accepte les animaux de compagnie. Il vous suffit ensuite de prendre contact avec une association ou un groupe de sauveteur.

Il vous sera demandé :

– De remplir un formulaire de pré-adoption.

– En fonction de votre demande, l'association vous proposera un animal correspondant à votre style de vie, de votre situation familiale mais aussi de votre logement.

– Une fois que tout le monde est d'accord, un contrat sera signé et vous devrez vous acquitter des frais d'adoption variant en moyenne entre 800 AED pour un chat et 1 500 AED pour un chien.

A noter que certaines associations et groupes organisent des journées porte-ouvertes tout au long de l'année.
Vous avez également la possibilité d'adopter votre futur animal de compagnie directement auprès de Dubai Municipality en vous rendant directement à Al Khawaneej Veterinary Clinic .

• LE QUOTIDIEN AVEC UN ANIMAL DE COMPAGNIE À DUBAI

Trouver la bonne alimentation pour son animal à Dubai
L'alimentation doit veiller à respecter les besoins de votre animal à quatre pattes tant au niveau de l'apport énergique que de l'équilibre des différents nutriments, minéraux et vitamines.
La nourriture industrielle présente de nombreux avantages car il existe différentes formules adaptées à l'âge, au mode de vie et aux éventuelles pathologies (poids, peau, etc.) de votre chien ou chat.
Vous trouverez un large choix de marque que ce soit dans les supermarchés ou en animalerie ou chez le vétérinaire pour une alimentation « Premium ».
Les croquettes présentent de nombreux avantages : les quantités à donner sont moins importantes (moins de stock), sa conservation (important sous nos climats) est meilleure et elles sont efficaces contre le tartre !
Surveillez également l'hydratation de votre animal notamment au moment des pics de chaleur. Les chats ont tendance à boire peu ce qui peut entrainer des problèmes de santé. Il peut-être alors recommandé de pratiquer le « mix-feeding » en proposant un mixte de nourriture sèche et humide dans des contenants séparés.
En dehors des vétérinaires, voici quelques adresses de magasins spécialisés à Dubai. A noter que la plupart des enseignes livrent gratuitement: – Dubai Pet Food, – PetZone, – Pets on click
 – My Green Chapter, – Pet Sky

Les parasites
Les puces ne sont pas vraiment un fléau à Dubai, mais dans certains quartiers les tiques sont abondantes ! Pour ne pas prendre de risque, un traitement mensuel avec un antiparasitaire en pipette (ex. Frontline) est recommandé. Autres petites bestioles très fréquemment rencontrées : les aoûtats ! Contrairement à ce qu'on observe en France, on peut les trouver pratiquement toute l'année à Dubai. Ces petits acariens adorent se loger entre les pattes de votre animal et démangent énormément.
 Il est recommandé d'administrer un vermifuge efficace à la fois contre les vers plats et les vers ronds tous les 3 mois. Vous trouverez le traitement chez n'importe quel vétérinaire.

Assurance santé chiens et chats
Quand on aime son chat, son chien… on ne compte pas ! Enfin… parfois la note « santé » peut s'avérer salée pour que notre animal de compagnie soit toujours au top de sa forme.
Le principe est simple vous achetez une assurance sur le site osloinsurance.pet si votre animal est malade ou accidenté. Vous allez chez n'importe quel vétérinaire aux Émirats, vous payez la facture (souvent élevée !) et Osloinsurance vous rembourse selon le produit d'assurance choisi sur votre compte bancaire directement.

Où promener son animal de compagnie à Dubai ?
Même si les chiens sont interdits dans la plupart des lieux publics, vous pouvez tout de même promener votre quadrupède dans la rue à condition qu'il soit tenu en laisse et que vous ramassiez ses déjections sous peine d'une amende ! Vous trouverez tout de même à Dubai quelques espaces verts pour le dépenser et restaurants « dog-friendly ».

Outre l'étendu du désert qui reste le lieu le plus propice pour défouler votre chien, plusieurs quartiers de l'Émirat permettent de se balader facilement avec son chien en offrant des chemins ombragés : dubai hills, JLT, Arabian Ranches, Jumeirah Circle Village, Irish Village… et The Greens qui possède également un parc à chien (réservé aux résidents).

Vous pouvez également trouver des infrastructures dédiées aux chiens proposant des parcs indoor (climatisés) ou outdoor voire des piscines (oui, vous avez bien lu !). Le principe est une sorte de playdate où votre boule de poil pourra se défouler et se sociabiliser avec ses congénères !
Quelques adresses : – Woof !, – Urban Tails, – My second home.

Faire garder son animal à Dubai
Quand on a un animal de compagnie aux Emirats, se pose forcément la question de la garde pendant vos vacances. Si votre nanny ne peut pas le garder, il existe d'autres solutions. Vous pouvez faire appel à un dog-sitter qui passera deux fois par jour à votre domicile s'occuper de lui :
 – Homely petz, – Paw Pals
Ou opter pour un chenil à Dubai
 – UrbanTail, – Dubai Kennel and Cattery

• LES ADRESSES UTILES POUR SON ANIMAL DE COMPAGNIE
Les vétérinaires francophones à Dubai
 – Docteur Aziz Benbakir exerce à Dubai depuis 1996 à la Deira Veterinary Clinic – tel : 04 258 1881/82
 – Docteur Mehdi Mzabi, ABVC (Al Barsha veterinary clinic) – tel : 04 340 8601
 – Docteur Valérie Battistella, Vienna Veterinary clinic – tel : 04 388 3827

Faire Toiletter son animal de compagnie à Dubai
Si vous avez besoin de faire toiletter votre animal, vous avez l'embarras du choix que ce soit sur place ou à votre domicile en contactant par exemple Happy Puppy Dubai, OiA App..
Prendre soin de votre animal à quatre pattes n'a jamais été aussi simple qu'avec OiA App.
Grâce à la plateforme, vous pouvez maintenant réaliser leur toilettage à domicile tous les jours de 10h à 22h. Leurs équipes se déplacent dans leur camion aménagé partout dans Dubaï pour offrir un moment de détente à votre chien ou chat.

LA GROSSESSE :

DEPUIS VOTRE TEST JUSQU'À L'ACCOUCHEMENT, 3 FACTEURS INFLUENCERONT L'IMPACT FINANCIER DE L'HEUREUX ÉVÉNEMENT : — VOTRE EMPLOI, — LES MODALITÉS DE PRISE EN CHARGE DE VOTRE ASSURANCE, — VOTRE ENVIRONNEMENT (GYNÉCOLOGUE, HÔPITAL, TYPE D'ACCOUCHEMENT ET COURS DE PRÉPARATION ASSOCIÉS).

Rappelez-vous qu'à Dubaï désormais, vous pouvez vivre ensemble sans être marié, par contre pour avoir un enfant, vous devez l'être obligatoirement.

Le congé maternité et ses coûts associés

3 cas de figure principaux se présentent :

- **Le plus classique si vous êtes salariée à temps plein :**

Selon la loi aux Emirats, votre employeur doit vous accorder 45 jours calendaires de congé maternité durant lesquels vous bénéficierez de l'intégralité de votre salaire. S'il y est enclin, vous pouvez également négocier de prendre une partie de vos congés annuels ou de vos 15 jours de maladie pour étoffer la durée de cette interruption, mais ce n'est en aucun cas automatique.

- **Le plus généreux :**

Si votre employeur dispose d'une politique de maternité plus souple, un contrat oral ou écrit peut stipuler des conditions particulières de retour à l'emploi. Certaines grandes compagnies internationales octroient jusqu'à 6 mois de congé bien que cela reste rare, d'autres autorisent un retour à temps partiel pendant 3 mois tout en maintenant vos conditions de rémunération. Renseignez-vous !

- **Le plus contraignant :**

Si vous travaillez « en freelance » et êtes rémunérée à l'activité, vous ne bénéficiez d'aucune prise en charge.
Les semaines ou mois sans activité seront donc aussi des mois sans rémunération. En effet, dans la mesure où il n'existe pas de cotisations à un régime des indépendants, il n'existe pas non plus de congé afférent.

• Pour le service public :

Depuis 1er mars 2017, une nouvelle loi à été mise en application pour les employés du gouvernement de Dubai leur donnant le droit à un congé maternité de 3 mois (120 jours calendaires).

Les différences principales avec la France : environnement et impact financier :

Au-delà du congé maternité moins standard, des différences majeures d'approche peuvent contribuer à accroître vos frais.

– A ce titre, notez que la césarienne et l'induction sont des techniques très courantes, et privilégiées par une grande partie de gynécologues / obstétriciens à Dubaï.

La césarienne implique un séjour plus long en hôpital, une opération, et par conséquent une rémunération plus élevée de votre obstétricien. Rassurez vous tous les gynécologues(et notamment les francophones) ne poussent pas la césarienne quand elle n'est pas nécessaire.

– L'induction, moins coûteuse en soi, génère souvent des coûts associés, et qui ne sont pas toujours couverts par votre assurance (péridurale obligatoire, durée de travail en hôpital souvent accrue, et césarienne en cas d'échec).

– Une autre différence principale avec la France réside dans le nombre d'échographies réalisées au cours des neuf mois.

Outre les 3 échographies principales réalisées en France (Clarté nucale à 12 semaines, échographie détaillée à 20 semaines, et échographie du 8e mois), la majeure partie des gynécologues réalisent une échographie lors de chaque visite de contrôle, soit tous les mois, voire toutes les deux semaines à l'approche du terme.

Le supplément s'établit alors entre 300 et 500 AED par visite.
Si pour des raisons d'approche ou pour des raisons financières, vous ne souhaitez pas effectuer un nombre d'échographies plus nombreux que celui réalisé en France et ne souhaitez pas que l'on vous propose une césarienne ou une induction non médicalement justifiées, il vous faudra initialement rechercher un médecin réputé pour son approche » plus naturelle « , approche qui, en France, serait considérée comme standard.

Estimation des coûts :

Les fourchettes ci-dessous sont proposées à titre indicatif et visent à vous aider à anticiper les frais restant à votre charge. Seul dans le cas où vous ne bénéficiez d'aucune prise en charge devez-vous financer l'intégralité de ces coûts.
Les coûts liés au suivi pendant les 9 mois
(les frais peuvent varier):

• Le test de grossesse (analyse de sang) : 270 – 360AED
Pensez à vous rendre chez votre médecin pour un premier rendez-vous de grossesse. Si vous vous présentez spontanément, le remboursement ne sera pas automatique.

• Le 1er RDV pour confirmer la grossesse (optionnel) : 400 – 600 AED
Ce rendez-vous n'est pas obligatoire mais permet notamment d'obtenir une ordonnance pour le test.
  – Consultation : 400-500 AED
  – Test d'urine (optionnel, selon votre gynécologue) : 100 AED

• Le 1er RDV de suivi de grossesse : 2800 – 3700 AED
  – Consultation : 400-500 AED
  – Test sanguins de début de grossesse (toxoplasmose, hépatites, sucre, etc.) appelés « antenatal » : 1800 – 2600 AED
  – Échographie de datation : 500 AED
  – Test urine : 100 AED

• Les autres RDV de suivi de grossesse : 500 – 1275 AED
En moyenne, lorsqu'il ne s'agit pas d'un mois où l'une des 3 échographies est réalisée, vous verrez votre gynécologue une fois par mois, voire une fois toutes les deux semaines à partir de la 28ème semaine.

Selon l'approche de votre gynécologue, une échographie sera proposée systématiquement ou non.
  – Consultation : 400 – 500 AED
  – Échographie (optionnel) : 500 AED
  – Test urine : 100 AED , – Contrôle de la toxoplasmose si vous n'êtes pas immunisée : 175 AED

• L'échographie détaillée des 20 semaines (« morphology scan ») : 1300 – 2000 AED
  – Échographie : 1300 – 1500 AED
  – Consultation en cas d'anomalie : 400 – 500 AED

• L'échographie des 8 mois (ou échographie de croissance) : 800 – 1050 AED

• Les coûts annexes courants : 1130 – 2370 AED
  – Acide folique et/ou Multivitamines et/ou fer : 1000 AED en moyenne
  – Vaccin Bostrix (coqueluche, semaine 32-34) + Test de Combs + Recherche Strep B : 130 – 220 AED
  – Test diabète gestationnel (optionnel mais encouragé par la majeure partie des gynécologues) : 800 – 1150 AED

• Les cours de préparation à l'accouchement (optionnel) : 1650 – 2200 AED
 A Dubai, ces cours ne sont en général pas pris en charge par les assurances. Une exception : si vous êtes suivie et comptez accoucher à City Hospital, vous pourrez vous y inscrire à titre gratuit.
L'accouchement : 4000 – 23000 AED
• Accouchement par voie basse : 3800 – 7000 AED

• Les suppléments suivants peuvent intervenir selon vos préférences et selon la situation :
  – Accouchement dans l'eau : 1000 AED
  – Péridurale : 1800 – 3,400 AED
  – Bébé additionnel (jumeaux) : environ 4000 AED
  – Accouchement instrumental : forceps, spatule, ventouse. Coûts selon les hôpitaux.

• Accouchement par césarienne : prévoir entre 3000 et 6000AED de plus que l'accouchement par voie basse .

NB : Il faut également prendre en compte les frais d'hospitalisation en chambre privée. En général, comptez 2 nuits pour un accouchement par voie basse et 4 nuits pour un accouchement par césarienne.

L'impact de votre couverture sociale sur le « reste à charge »
Vous l'aurez compris, votre compagnie d'assurance ou celle de votre compagnon sera un facteur déterminant de votre « reste à charge » :

– Certaines compagnies couvrent les frais de grossesse à 100%. Il s'agit du cas de figure optimal. Dans ce cas, rares sont alors les frais non pris en charge. Les difficultés principales que vous pourrez rencontrer seront liées à l'avance de frais, régulièrement requise par cette formule.

– D'autres compagnies d'assurance prennent par ailleurs tous les frais en charge, mais établissent une limite de dépense. Il s'agit d'un « package » allant de 25000 à 32000 dirhams en moyenne.

– Nombre de compagnies d'assurance requièrent un co-paiement (de 5 à 20% de chacun de vos frais) et ne prennent pas en charge certains vaccins ou encore la péridurale. Pour éviter des surprises, il est important de toujours faire autoriser les dépenses les plus conséquentes (notamment l'échographie du 5ème mois) en amont de la réalisation de l'acte.

Quoiqu'il advienne, mieux vaut prévoir une enveloppe grossesse afin que vous puissiez l'aborder le plus sereinement possible et ne pas vous retrouvez dans une position délicate... à l'aube des plus beaux jours de votre vie !

• **La question du choix du gynécologue et de l'hôpital**
Choisir un docteur est avant tout une question de préférence personnelle. A Dubai, il ne faut pas hésiter à se renseigner sur les médecins, le choix est tellement large que vous pourriez vite vous y perdre. Vous verrez qu'ici les docteurs sont un peu comme des stars de cinéma, leur réputation en dit long sur leurs compétences.

Votre choix sera également orienté en fonction de l'hôpital dans lequel le gynécologue pratique les accouchements (si vous savez dans quel hôpital vous aimeriez accoucher bien sûr), ainsi que sur leur méthode d'accouchement (certains gynécologues vous orienteront directement vers une césarienne pour ne prendre aucun risque car ils ne sont pas couverts en cas de pépin… le comble !).

Si vous désirez un accouchement plus « naturel », il faudra vous renseigner sur quel gynécologue pratique ce type de méthode, et dans quel hôpital. Aujourd'hui, seuls Al Zahra Hospital et City Hospital proposent le « water birth » avec une salle d'accouchement entièrement aménagée pour une naissance la plus naturelle possible : baignoire à disposition durant le travail et accouchement dedans si vous le souhaitez.
 Donc l'ordre de vos choix dépendra de ce que vous souhaitez le plus : un hôpital avec accouchement naturel ? un médecin francophone ? Les deux ?

• Côté professionnel, si vous travaillez, il faut commencer à penser au moment où vous voulez annoncer à votre employeur que vous êtes enceinte, même si rien ne vous y oblige dans l'immédiat.
 Sachez qu'à Dubai, la loi du travail est très « fragile » et même si cette pratique est illégale, vous pouvez être licenciée pour le simple motif d'être… enceinte (!) Bien sûr, votre employeur ne vous donnera pas ce motif, mais sachez que, malheureusement, cette pratique n'est pas si rare.
 Dans le secteur privé, vous bénéficiez de 45 jours calendaires de congés maternité (cela veut dire que les week-ends sont inclus), payés à 100 % si vous travaillez depuis plus d'un an. Autrement, c'est 45 jours également, mais payés à 50 % de votre salaire.

Les trois derniers mois
Et vous voilà dans la dernière ligne droite ! Il est temps de vraiment profiter de ces derniers instants avec bébé qui est encore bien tranquille dans votre ventre, et d'en tirer un bénéfice maximum, afin d'être reposée et prête pour le jour J, et les jours (et nuits !) qui suivront.

Et si ce n'est déjà fait, pensez au type d'accouchement que vous avez envie de vivre !

• **L'allaitement :**

L'accouchement approche et vous êtes peut-être en train de vous demander si vous allez allaiter.
 Effectivement, l'allaitement n'est pas quelque chose qui s'impose à toutes comme une évidence, c'est un choix très personnel et votre décision dépendra aussi de votre séjour à l'hôpital.
 Les sages-femmes ne sont pas toutes des conseillères en lactation, et la maternité n'est pas toujours le lieu propice à un allaitement comme on peut l'imaginer (entre les visites des différents médecins et des amis/famille, vous n'aurez pas beaucoup de moments intimes).
 Alors pourquoi ne pas consulter une conseillère en lactation ? Avant l'arrivée de bébé, histoire d'avoir déjà quelques cartes en main, et une fois bébé arrivé, pour se faire assister et être rassurée durant cette période post-grossesse qui n'est pas toujours facile à .

Le JOUR J :

Selon les pays, la culture de l'accouchement est bien différente. A Dubai, vous ne devriez pas être trop dépaysée, sauf peut-être par les prestations offertes dans les hôpitaux (chambres impeccables, choix incroyable dans le menu (on se croirait quelque peu au restaurant), lit double et non pas un simple fauteuil pour le papa qui reste dormir sur place, etc.). Le protocole médical sera le même qu'en France : monitoring, péridurale ou gaz hilarant, travail avec ou sans sage-femme selon votre choix.

 Mais assurez-vous, encore une fois, que tout est en règle du côté de votre assurance santé car on ne vous laissera pas aller jusque dans les couloirs de la maternité s'il y a un problème avec cette dernière ! Soyez donc vigilante pour éviter tout stress de dernière minute.

Après l'accouchement

Ça y est, vous voilà sur votre petit nuage avec bébé, il est temps de rentrer à la maison, prendre ses repères avec cette petite personne en plus, et puis papa (qui a épuisé ses 5 jours de congés paternité) retourne au travail.

Coup dur. A Dubai, vous risquez de vous retrouver parachutée, comme lâchée en pleine nature, sans savoir s'il y a des consultations à effectuer avec bébé (à part celle une semaine après la naissance à l'hôpital où vous aurez accouché). Mais on vous donne quelques tips pour ne pas sombrer toute seule dans le flou !

• L'administratif

Juste après votre accouchement, vous allez devoir entamer quelques démarches administratives qui peuvent paraître contraignantes mais qui sont indispensables. Tout d'abord, la déclaration de naissance doit se faire auprès du Consulat Général de France à Dubai dans les 30 jours après la naissance du bébé.

Il faudra également penser à lui faire faire son passeport dans les quatre mois. Si vous dépassez ce délai, vous vous verrez attribuer une amende de 100 AED par jour sans passeport. Prévoyez quelques jours à quelques semaines pour organiser tout cela.

Une fois votre passeport obtenu, vous devrez faire la demande de son visa de résidence.

• Le médical

Possibilité d'aller consulter ou demander la visite d'une sage-femme – Cela fait partie des choses que l'on ne nous dit pas à l'hôpital, mais à Dubai, il existe toute une liste de sages-femmes absolument exceptionnelles comme à Health bay clinic.

Arrive un peu plus tard (mais tout de même très rapidement) ce moment que beaucoup de jeunes mamans redoutent mais qui est pourtant essentiel à votre bonne santé à 6 semaines post-accouchement : la rééducation périnéale.

Aux UAE, cette pratique n'est pas considérée comme essentielle ! Les séances de rééducation du périnée ne sont, à la base, pas remboursées, et on vous en parlera, d'ailleurs, presque pas. Ceci dépendra une fois de plus de votre gynécologue, et s'il ne vous le propose pas, n'hésitez pas à lui demander une prescription pour dix séances (pour être tranquille), avec un motif « valable » aux yeux de votre assurance santé (exemple très glamour : « incontinence ») pour que celle-ci prenne en charge la rééducation.

• Santé :
La couverture médicale est obligatoire et doit être comprise dans le package proposé par votre entreprise. Mieux vaut être bien assuré car à Dubaï, la santé est un véritable business et il faut souvent y mettre le prix. Les remboursements des frais médicaux peuvent devenir un véritable calvaire. Les assurances santé refusent facilement le remboursement de soins qu'elles considèrent non justifiés. Nous vous conseillons de vérifier vos prescriptions et de valider en amont sa prise en charge auprès de votre mutuelle.

A titre indicatif :
  – Tarif pour une consultation chez un généraliste : entre 400 et 500 AED
  – Tarif pour une consultation chez un spécialiste : entre 400 et 800 AED

• MÉDECINS GÉNÉRALISTES + MÉDECINS INTERNES+ MÉDECINS DU SPORT:

Dr. Delphine DUPUIS (+ consultante en lactation)
 Medicenter – Motorcity 04 277 3470
Dr. Mona CHERIF (+ médecin du sport) King's College Hospital – Dubai Hills 04 519 9999
Dr. Ysleme DELHOUM, Medicentres Polyclinic, Motor City et Jumeirah Park 04 429 8888
Dr. Céline Pons Keith Nicholl Medical Centre – Um Suqeim
 04 394 1000 / 056 102 9332

Dr. Carole CHIDIAC American Centre for Psychiatry and Neurology (ACPN) 04 314 1000
Dr. Barbara VERCAUTERENKoster Clinic 04 388 1887
Dr. Asma KOSSENTINI;La Familia Medical Centre 04 443 0700
Dr. Pauline PoitouKoster Clinic 04 388 1887
Dr. Stephane JACOLINO,Valliant Clinic 800 825 4268
Dr. Charlotte ZOELLER(+ acupunctrice) Medical International spécialisé centre 04 349 9100 / 05 657 16005
Top Medical Centre 04 395 8159
ALLO DOCTORS French Medical Services – JLT 04 451 5575
Dr. Sonia KETARI(+ médecin interne) The Clinic – DIFC / MedCare Hospital 04 323 0900

• ANESTHÉSISTES
Dr. Muriel BERTIN   City Hospital 04 282 7788
Dr. Berengère AUTAIN American Hospital – Dubai Healthcare City 04 377 5500

• GYNÉCOLOGUES-OBSTÉTRICIENS
Dr. Rita SAKR (Chirurgie du sein) Sulaiman Al Habib Hospital 058 693 6810
Dr Fella SADIThe French Clinic – Dubai Healthcare City 04 429 8450
Dr Rashad HADDADThe French Clinic – Dubai Healthcare City 04 429 8450
Dr Nadege ABAN Allo doctors – French Medical Services – JLT 04 451 5575
Dr. Saoussen SAYHI KOUTEICH Medical International Specialist Centre – Jumeirah 04 349 9100
Dr. Yuliya BURMAGINA Femiclinic – Dubai Healthcare City 04 454 2640
Dr Soraya FARAH Serenity Clinic 050 841 4668
Dr. Khaled KOUTEICH La Familia Medical Center – Tecom 04 443 0700
Dr. Christelle ABBOUD Health Bay Clinic – Al Wasl Road 800 4272
Dr Anne Frederique MINSART(Spécialiste en médecine foetale) Mediclinic Parkview / City et Welcare
jinui.modest@mediclinic.ae

• PÉDIATRES

Dr. Nawar TAYARA (pédiatre + spécialiste en pneumologie) The French Clinic – Dubai Healthcare City 04 429 8450
Dr. Pierre MAJDALANI (spécialiste en pneumologie) Kidcare pediatric clinic – Dubai Healthcare City 04 557 9700
Dr. Olfa KOOBAR(Néonatalogie / Pédiatrie) Clemenceau Medical Centre 04 248 1111 / 058 539 7972
Dr. Naila BITAR Dr Sulaiman Al Habib – Dubai Healthcare City 04 429 7777
Dr. Pauline LECHEVALIER The Clinic – DIFC 04 323 0900
Dr. Rouba ABDENNOUR King's College Hospital London 04 378 9555
Dr. Nabil CACHECHOGMC Clinics 56 380 1790

• CONSULTANTES EN LACTATION

Soulaf MANSOUR, Ph.D, IBCLC Rainbow Parenting – 052 733 3805 Physical Health & Healing Center – 04 552 9210
Delphine DUPUIS Medicentre – Motorcity 04 277 3470

• HYPNOHERAPEUTE

Sylvie ROSETTO rossetto.sylvie@gmail.com

• OSTÉOPATHES

Emmanuel HARTMANN (Adultes et bébés) Physical Health & Healing Center – Dubai HealthCare City 04 552 9210 / 052 826 9454
Bassam HUSAIN (Adultes/Enfants/Bébés) De Novu Institute – Um Suqeim 2 04 346 6044 / 056 788 1412
Nicolas FERDONNET(Ostéopathe / Ostéopathe du sport) The Chiron Clinic – Sustainable City 055 680 0713 / 04 233 8500
Dominique BOUDET Physical Health & Healing Center – Dubai HealthCare City 04 552 9210 / 055 370 1442
Nicolas BIDEAU Physical Health & Healing Center – Dubai HealthCare City 058 573 3876
Guillaume DUBOIS PONSICHAlternative Medicine Center – Al safa 2, 04 263 8555
Benjamin CHABRE Osteopathic Health Centre 04 348 7366
Dr Stephane JACOLINO (+médecine du sport) Valiant Clinic 800 825 4268

Maral DOUZIAN ELKHOURY Osteopathic Health Centre 04 348 7366

• SAGE-FEMMES

Rachelle GHAFARY HealthBay Clinic – Mirdif 800 4272
Sophie JANIN Sage-femme, accompagnement à la naissance Conseillère conjugale et familiale Babies and Beyond Home Health Care 56 880 7005
Muriel WOUM HealthBay Clinic 800 4272

• SOPHROLOGUES

Angela DE AZEVEDO Sophrologist and Relaxation Therapist 50 664 8165
Lauréline OLIVIER Sophrologue 58 510 7192

EN RAISON DU GRAND NOMBRE DES PROFESSIONNELS DE LA SANTÉ SUR DUBAI NOUS NE POUVONS ASSURER L'EXHAUSTIVITÉ DE CETTE LISTE.

ASSURANCE CHÔMAGE

JANVIER 2023 : MISE EN PLACE D'UN NOUVEAU RÉGIME D'ASSURANCE CHÔMAGE AUX ÉMIRATS ARABES UNIS !

L'idée de perdre son emploi lorsque vous vivez et travaillez à Dubai peut être assez terrifiante. En effet, aux Emirats il n'existe pas d'assurance chômage en cas de perte de votre emploi. C'est pourquoi HH Sheikh Mohammed Bin Rashid Al Maktoum a décidé de mettre en place ce nouveau
programme d'assurance chômage à Dubai.
C'est à la suite d'une réunion du cabinet des Émirats arabes unis à Abu Dhabi en début de mois, que le sheikh Mohammed a révélé sur Twitter les plans d'un "système d'assurance chômage" pour les Emirats Arabes Unis.
Il a déclaré que ce système "indemniserait le travailleur assuré avec un montant en espèces pour une période limitée en cas de chômage". Il a également ajouté: "L'objectif est de renforcer la compétitivité du marché du travail, de fournir un parapluie
social à ses travailleurs et d'établir un environnement de travail stable pour tous".

Le programme plus en détail

La nouvelle a fait l'effet d'une bombe auprès des résidents et plus spécialement auprès des expatriés. Pour la première fois de l'histoire des Emirats, les résidents pourront bénéficier de versements mensuels en espèce cas de perte de leur emploi (les conditions exactes restent encore à confirmer) .
Ce nouveau programme est accueilli comme un soulagement auprès aux citoyens émiratis et aux expatriés travaillant dans le public et privé.
Cette nouvelle mesure vient renforcer les efforts déployés par les autorités pour attirer et retenir les employés qualifiés à Dubai tout en réduisant les risques pour les entreprises.

Avec ce programme, les employés qui perdront leur emploi recevront une aide financière sur une durée déterminée le temps de trouver un nouvel emploi.

Les experts estiment que ces nouvelles mesures d'indemnités de chômage aux UAE permettront d'éviter la précarité et la détresse au sein des employés. Cette assurance chômage contribuera assurément à réduire le stress et à fournir une aide cruciale à un moment où les gens en ont le plus besoin.
Enfin, ces changements s'alignent avec les mesures politiques prises en 2020 dans l'optique de redynamiser le secteur du tourisme et l'économie des Emirats de manière générale.
Sécuriser l'emploi est devenu un objectif encore plus crucial ces dernières années dans le monde, sous l'effet de la pandémie de Covid-19.
En mai, les Émirats arabes unis ont annoncé l'instauration d'un régime d'assurance chômage obligatoire qui délivrera un soutien financier aux travailleurs des secteurs public et privé. Il entrera en vigueur début 2023.

"Filets de sécurité"
"Les avantages seront ouverts à l'ensemble de la main-d'œuvre des Émirats - qu'il s'agisse de citoyens émiratis ou de résidents étrangers - et de différents niveaux de qualification," explique Abdulrahman Al Awar, ministre des Émirats en charge des ressources humaines et de l'émiratisation.

"Cela correspond à la nature du marché du travail des Émirats dans le sens où il est très ouvert, très dynamique et très attractif," estime-t-il avant d'ajouter : "Nous mettons en œuvre des réformes et politiques qui permettront aux personnes qui participent à ce marché du travail, de bénéficier de politiques de sécurité sociale qui leur fournissent des filets de sécurité face aux difficultés qu'ils pourraient rencontrer dans leur emploi ici."

Cette législation vise à apporter une plus grande stabilité financière aux travailleurs et à leurs familles.

"Cette nouvelle législation sur le travail est un changement positif," juge Aaron Portero, directeur général de Connect Resources. "Ce changement nous donnera plus de travail car nous devrons nous adapter pour gérer également le régime de pension et nous conformer à la législation," dit-il. "Mais notre plus grande priorité," poursuit-il, "c'est, comme toujours, de gérer plusieurs milliers d'employés et nous essayons de prendre soin de tous. Ces changements seront positifs pour nous, les clients et les employés," assure-t-il.

"**Cela tranquillise**"
Pour les travailleurs, les cotisations d'assurance chômage devraient être comprises entre 10 et 25 euros par an pour une couverture de base. Le dispositif prévoit le versement de 60 % du salaire de base - avec un maximum de 5 000 euros par mois - en cas de perte d'emploi pour une période déterminée. Les investisseurs, les travailleurs domestiques, les personnes sous contrat temporaire, les employés de moins de 18 ans et les retraités sont exemptés de ce régime.
"Nous disposerons d'un système qui ne sera pas un fardeau pour les participants," affirme le ministre Abdulrahman Al Awar.

"Il sera accessible de manière numérique et ce sera très simple : la participation se fera par le biais d'un processus numérique qui ne nécessite aucune démarche," précise-t-il.
- L'entrepreneuriat au féminin est à la mode à Dubaï
- Sommet mondial des gouvernements à Dubaï : vers une administration publique 100% digitale
- Dubaï raccourcit sa semaine de travail pour plus de compétitivité et de bien-être.

Pour séjourner et vivre à Dubaï, il faut être muni d'un visa de résidence en cours de validité lié à son statut professionnel. Selon les règles actuelles, les expatriés qui perdent leur emploi ont quelques mois pour trouver un nouveau poste. Sinon, ils risquent de devoir retourner dans leur pays.

LE CONSULAT GÉNÉRAL DE FRANCE A DUBAI

• S'ENREGISTRER AU REGISTRE DES FRANÇAIS ÉTABLIS HORS DE FRANCE

L'inscription au registre des Français établis hors de France n'est pas obligatoire mais elle est vivement conseillée. Votre enregistrement va faciliter le travail des services consulaires que ce soit dans le traitement de vos démarches administratives ou en matière de sécurité et de protection consulaire. L'inscription concerne l'ensemble des Français qui s'installe aux Émirats pendant plus de 6 mois.
Votre inscription est strictement confidentielle, aucun lien ne se fait auprès d'autres administrations françaises ou des entreprises.

Pourquoi est-ce important ?
L'enregistrement au registre des Français établis hors de France permet :
— De faciliter certaines démarches administratives (demande de documents d'identité, bourse scolaire). Vous bénéficiez également de tarifs réduits sur les copies conformes et légalisations. — D'être inscrit sur les listes électorales et être informé des échéances.
— D'être contacté en cas d'urgence (accident, décès, détention, …).
— En cas de crise grave, le Consulat vous informera directement de la situation et des éventuelles mesures de sécurité à prendre.
Comment s'enregistrer ?
C'est très simple, vous pouvez effectuer cette démarche pour toute personne majeure ou mineure, depuis votre ordinateur en vous connectant directement en ligne (recommandé), ou en prenant rendez-vous au Consulat.
Pour en savoir plus, vous pouvez consulter le site Internet du Consulat Général de France à Dubai
Une fois votre inscription validée par le Consulat, vous aurez accès sur votre espace personnel à votre certificat d'inscription ainsi qu'à votre carte consulaire que nous vous conseillons d'imprimer. Votre inscription au registre des Français établis hors de France sera valable pendant cinq ans et devra être renouvelée à la fin de cette période si vous vivez toujours aux Émirats.

Si votre situation change, nous vous recommandons fortement d'actualiser les informations communiquées en vous connectant directement sur votre espace personnel.

Si vous rentrez définitivement en France, vous devez faire une demande de radiation du registre avant votre départ afin d'obtenir votre certification de radiation. Document qui pourra vous être demandé lors de vos futures démarches en France.

• **QUE FAIRE LORS D'UNE CRISE GRAVE ?**

Comme dans tous les postes diplomatiques et consulaires, un Comité de Sécurité existe au sein du Consulat Général de France à Dubai et a pour mission de recenser les éventuels risques (catastrophe naturelle, chimique ou encore industrielle, crise géopolitique, etc.) encourus par les ressortissants français aux Émirats et les éventuels conseils et/ou mesures à prendre.

Deux plans de sécurité sont d'ores et déjà définis aux Émirats et sont régulièrement actualisés : le premier pour l'Émirat d'Abu Dhabi et le second pour les Émirats de Dubai, Ras-al-Khaïmah et Fujaïrah.

En cas de crise majeure, le Consulat Général de France à Dubai :
– S'appuiera sur le CDCS (Centre de crise et de soutien) afin de mettre en place toutes les mesures nécessaires à la sécurité des ressortissants français et de leur conjoint étranger.
– Le CDCS actualise en temps de réel, en lien avec le poste, une base de données sur la situation sécuritaire de la région et du pays.
– Sera en mesure de prendre directement contact avec vous (par SMS ou par e-mail) seulement si vous êtes inscrit au registre des Français établis hors de France et si les coordonnées communiquées sont à jour.
Il existe 13 îlots de sécurité à Dubai qui comprend chacun un chef d'îlot et un adjoint qui jouent un rôle de relais entre les ressortissants français et le Consulat. Ils disposent notamment d'un téléphone satellitaire pour que l'information continue à circuler en cas de de blocage de tous les moyens de communications habituels.

— Vous avez accès au nom et aux coordonnées de votre chef d'îlots en allant sur votre espace personnel d'inscription consulaire et en téléchargeant votre relevé intégral dans l'onglet « Mesdocuments ».

Enfin, nous vous recommandons également de consulter régulièrement les actualités du site Internet du Consulat et de vous abonner à la page Facebook.

• **QUELQUES RÈGLES DE BONNE CONDUITE À NE PAS OUBLIER**
Il existe un certain nombre de règles et de lois que nous devons appliquer et respecter en tant que résident ou touriste aux Émirats. En cas de non-respect, vous vous exposez à des poursuites judiciaires plus ou moins lourdes. Même si le Consulat Général de France à Dubai joue son rôle de protection consulaire à destination des détenus français dans le pays, il ne peut en aucun cas intervenir dans les procédures judiciaires, la justice émirienne ayant pleine souveraineté sur son territoire.

— L'application de la réglementation en vigueur sur l'alcool est très rigoureuse aux Emirats. Nous vous rappelons que la consommation d'alcool est autorisée, seulement, pour les non-musulmans âgés de plus de 21 ans dans les lieux (hôtels, bars, restaurants) détenant une licence d'alcool. Il est formellement interdit de consommer de l'alcool sur la voie publique. Les Emirats applique la tolérance zéro au volant. Si vous êtes impliqué dans un accident de la route et que vous avez bu de l'alcool, vous encourez une peine de prison.

— L'importation, la possession ou la consommation de stupéfiants est formellement interdite aux Emirats et peut être sanctionnée par une lourde peine de prison. Attention, les cigarettes électroniques contenant un liquide à chauffer avec du cannabidiol (CBD) sont également illicites.

— Au même titre que les stupéfiants, certains médicaments et principes actifs sont prohibés aux Emirats, notamment les psychotropes et les narcotiques (dont la codéine). Les personnes étant dans l'obligation d'utiliser ces substances doivent faire établir un certificat médical par un médecin attestant le traitement d'une pathologie.

– Vous vous exposez à des poursuites judiciaires si vous (ou votre conjointe) êtes enceinte en dehors du mariage.
De même, les relations homosexuelles sont interdites.
– Tous les délits pouvant offenser les traditions, les coutumes émiriennes ou à la religion sont réprimandés.

Nous vous en listons quelques-uns :

- Veiller à avoir une tenue décente dans les lieux publics comme les malls.
- Pendant le mois du ramadan, par respect envers la population locale, il est conseillé que les femmes adoptent une tenue plus modeste et couvrent leurs épaules et leurs genoux.
- Eviter certains gestes d'affection (baiser, câlin) en public.
- Les couples mariés peuvent se tenir la main.
- N'ayez pas de comportements provocateurs que ce soit verbalement (ou sur les réseaux sociaux) ou par des gestes obscènes.
- Signer un chèque sans provision aux Emirats est considéré comme un délit qui vous exposera à des poursuites doublées d'interdiction de sortie de territoire.
- Au moment du ramadan, nous vous rappelons qu'il est interdit de manger, boire, fumer et même mâcher un chewing-gum en public.

OÙ FAIRE LE FÊTE À DUBAI ?

LES MEILLEURS (NIGHT) CLUBS ET LIEUX POUR FAIRE LA FÊTE À DUBAI !

LES OPTIONS POUR SORTIR À DUBAÏ SONT NOMBREUSES, LA VILLE POSSÈDE UN TRÈS LARGE CHOIX DE RESTAURANTS DANSANTS, DE NIGHT-CLUBS, DE BEACH CLUB OU ENCORE DE BARS PANORAMIQUES OÙ IL EST POSSIBLE DE FESTOYER EN JOURNÉE OU EN SOIRÉE ! LAISSEZ-VOUS GUIDER.

1) LES RESTAURANTS FESTIFS :

Si Dubaï est connu pour la large variété de types de cuisine que l'on y trouve et pour ses restaurants gastronomiques (en témoigne l'introduction récente du Guide Michelin dans la ville en 2022), Dubaï possède également de nombreux endroits où, en plus de manger, il est possible de faire la fête !

De Paris à Saint-Tropez en passant par Dubaï, le Verde propose une cuisine raffinée, une décoration soignée et des DJs qui seront vous donner envie de vous lever de votre chaise ! Juste à côté se trouve le Coya qui, dans une ambiance péruvienne/sud-américaine, sert de délicieux cocktails et ceviches.

On reste en Amérique du Sud avec l'Amazonico à DIFC qui propose une très bonne cuisine brésilienne et dispose d'un rooftop. Non loin, se trouve la Cantine du Faubourg, restaurant français dont la terrasse se transforme en dancefloor après minuit, Cuisine française raffinée.
Dans le même quartier, vous trouverez le Bagatelle qui offre une cuisine méditerranéenne et se transforme ensuite en night-club à partir de 23 h.

Le Sho Cho est un restaurant japonais doté d'une grande terrasse en bord de mer et largement fréquenté par la communauté francophone qui s'y rassemble régulièrement pour les French parties le vendredi lors des Flashback Fridays.
Opa et ses assiettes à casser dans la pure tradition grecque.

À Marina, se trouve le BlaBla qui propose des soirées à thèmes et des performances live.et Aussi le Kong avec sa piscine au milieu des grattes ciels.

2) LES NIGHT-CLUBS :

Dubaï rassemble un ensemble de night-clubs qui ne décevra pas les amoureux de la nuit. Il existe de nombreux lieux pour danser avec des DJs internationaux de renom et en plus des performances en live (danse, magie, chant, etc.).

S'il est impossible de tous les répertorier ici, on vous donne quand même un aperçu de ce que vous pouvez découvrir !

Les clubbeurs apprécieront le 1OAK ,célèbre lieu new-yorkais présent à Dubai. Le club représente le chic New-Yorkais et offre une expérience exaltante avec de nombreuses performances. Au pied de la Burj Khalifa, l'Armani Privé, tout aussi élégant, ce club a été décoré et pensé par Georgio Armani et permet de danser sur les rythmes d'artistes et de DJs internationaux.

White Dubai c'est LA référence dans le paysage nocturne du pays (voire de la région). Vue incroyable et performances artistiques épatantes.

On peut également citer le Club Blu Dubai qui possède une belle vue sur la skyline de Dubai et de bons DJs ou encore le B018 qui dispose de plusieurs salles avec différentes ambiances : électro, tropical, etc.

3) LES BEACH FRONT / BEACH CLUBS :

Les amateurs de clubs de plage à Dubaï vont se régaler ! Avec l'afflux de ces lieux ces dernières années, il y a un choix infini pour ceux qui veulent siroter des boissons fraîches sur des chaises longues dans une ambiance festive !

Le WHITE Beach est un lieu incontournable pour les amoureux de la plage, connu pour sa vue imprenable sur Atlantis The Palm, WHITE Beach est reconnu pour ses performances de premier plan et ses DJs ! Découvrez le nouveau SĀN Beach pour son ambiance bohème-chic, partez à Bali avec le KoKoBay.

Découvrez-le Twiggy by La Cantine pour son menu incontournable, le COVE Beach pour ses spectacles et ses soirées, ainsi que le BEACH by FIVE pour son ambiance époustouflante autour de la piscine à débordement !

À noter aussi le Blabla qui a aussi un beach club très sympa, le Playa Dubai pour sa gastronomie péruvienne ou encore le Zero grativy pour les amateurs de musique électro !
Une mention pour le Barasti beach, institution depuis des années ou enfin le Nikki Beach, présent aux 4 coins du globe et aussi à Dubai !

4) LES BARS / LOUNGES PANORAMIQUES :

Pour boire un verre face à une vue imprenable sur la ville, au coucher de soleil ou sous une lune éclatante, les options ne manquent pas non plus à Dubaï.

Le Siddharta Lounge by Buddha-bar propose un décor sophistiqué avec deux espaces : un coin chicha détente et un espace pour dîner au bord de la piscine.

Dans le même esprit le Wane by Somiya ne vous décevra pas, autant pour sa superbe piscine à débordement que pour sa vue imprenable sur les toits de la Marina.

Sur la Palm Jumeirah, vous apprécierez le Sobe : le seul bar rooftop du Palm Jumeirah avec une vue à 360 degrés sur Dubaï. C'est l'endroit idéal pour profiter des magnifiques couchers de soleil que l'on a aux Émirats.

Pour déguster des cocktails sophistiqués avec une vue sur Downtown, rendez-vous au Luna Skybar . Dans le même esprit, essayez le Mood Rooftop. Pour une ambiance
 plus « arabisante », testez le Ninive, situé à DIFC, qui saura vous charmer son cadre autant que pour sa cuisine.

Gal offre une belle terrasse en plein air avec vue sur la Burj Khalifa et des performances live. Dans un style plus détendu, mais tout aussi charmant, le Tree house, situé à Downtown.

Vous pouvez aussi vous rendre au 122e étage de la Burj Khalifa à l'Atmosphère pour prendre un verre au coucher du soleil.

Si vous n'avez pas la vue iconique de la plus haute du monde,
 celle offerte depuis l'intérieur de celle-ci est tout aussi impressionnante ! Pour ceux qui n'ont pas le vertige, essayez le Level 43 Sky Lounge qui est exclusivement en plein air et donne une vue spectaculaire sur la ville.

Déjà mentionnés pour respectivement le restaurant et le night-club, l'Amazonico et la Penthouse disposent tous deux de beaux roof-tops et sont aussi de super endroits pour prendre un verre. D'autres bars panoramiques vous séduiront sûrement comme l'Iris, l'Atelier M, le Pure Sky Lounge,..

La palme des vues panoramiques revient probablement au Cé La Vi pour sa vue incroyable sur Downtown et la Burj Khalifa.

Le dynamisme et l'énergie que l'on rencontre à Dubaï se retrouvent dans les nombreuses offres de sortie qu'on y trouve. À noter qu'il existe aussi des brunchs (festifs !) et autres soirées à thèmes (notamment les Ladies night).

Renseignez-vous sur l'ensemble des établissements mentionnés ci-dessus pour connaître les jours et les offres qui varient régulièrement. Il y a également souvent des minimums de dépenses à ne pas négliger.

Une certitude, Dubaï s'impose progressivement comme une ville et une destination de fêtes ; la présence d'établissements internationaux de renoms en est une preuve, de même que la multitude de lieux qu'on y recense pour sortir.

On ne manque pas d'options pour s'amuser ni d'occasion pour célébrer, il ne reste plus qu'à choisir en fonction de vos envies !

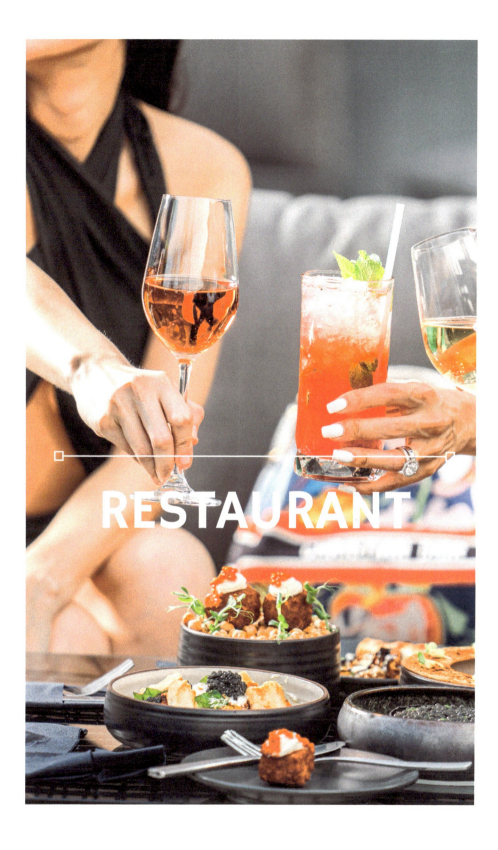

LA RESTAURATION

TOUTES LES CUISINES DU MONDE (OU PRESQUE) SONT À DUBAÏ.

Envie d'un resto libanais ? Péruvien ? Japonais ? Indien ? Français ? Si vous aimez la variété, vous ne serez pas déçu.

Certains restaurants, qui possèdent la licence nécessaire, servent également de l'alcool. Dans ce cas, le plat porte une mention le précisant.

À Dubaï, sachez en général que si vous souhaitez réserver une table à l'avance et que vous êtes plus de 4 on vous demandera une empreinte de cb et si vous n'honorait pas la réservation ces frais variant selon les établissements vous seront prélevés.

Certains restaurants demande un " minimum spend" , c'est-à-dire que vous consommiez un minimum lors de votre venue, les montants varient selon les restaurants.
Les viandes ici sont toutes halals , lorsque cela ne l'est pas, c'est indiqué sur la carte.

Voici les meilleures adresses à ne pas louper lors de votre venue à Dubaï, répertorié par type de cuisine :

Les meilleurs restaurants cuisine Française , Méditerranéenne :

Twiggy, La cantine du faubourg, La serre ,La petite maison , Bagatelle, Opa, Gaia, Nammos, Il Borro Tuscan Bistro, Armani ristorante , Scalini, Alici, Atelier robuchon, Roberto's, Eataly, Ossiano , Pierchic, Bleu blanc, Lana lusa , Stay, Paul, Publique, Rue royale...

Les meilleurs Pizzas :

Filia, L'antica pizzeria da michele, Il Forno, Luigia, Basta, Bussola..

Les meilleurs restaurants cuisine US et Amérique du sud:

Black tap , The Cheesecake Factory, Coya , Amazónico, Bull & Bear, Inka, Inti, Mamazonia, Kayto…

Les meilleurs Burgers :

Salt , Shake shack, Five guys, le burger , Pickl, Pacific groove (celui au wagyu un délice!)…

Les meilleurs restaurants cuisine asiatique ,chinoise, japonais :

Pai thai , Indochine , Vietnamese Foodies , Taiko, Wagamama, Din tai fung , Roka, Hakkasan dubai ,Nobu , Hutong , Maiden Shanghai, Mimi kakushi, Zuma, Reif, Pf chang's, Fujiya, Kanpai
Les meilleurs restaurants cuisine indienne : Tresin studio, carnival , Miss tess, Amala , Bombay Brasserie, Asha's, Armani Amal, Little miss india, Masti…

Les meilleurs restaurants cuisine Local, libanaise et arabe ,turc :

Orfali Bros Bistro, Mama'esh, Sultan Sary, Doors, Bosporus, Gunaydin, Mado , Besh, Kapadokya,Lezzet,Kaftan,Gal, Arabian tea house, Bu qtair, Huqqa, Bateel, Kulture house, Rhain, Asma…

Les meilleurs restaurants cuisine Maghreb :

Ninive, Bab el Mansour, Jebel Atlas, Asil, Tagine, Lido , Le pirate, Tajin & Tanjiah…

Les restaurants à Ambiance :

Verde , Bagatelle, Le Kong, The theater , White ,Opa ,Billionaire, Taikun , Stk...

Les restaurants Patisseries :

Choix , Leto café ,Ladurée, Yamanote, Saya brasserie, Bijou Patisserie, Atmosphère, Brunch and cake, Forever rose café, Villa 515...

Les meilleurs restaurants avec vue sur les fontaines de Burj Khalifa :

Opso, Bice mare, Social House, Serafina, 3bk, Armani, Asado, Gia, Tribes, Siraj, Meat co, Huqqa, Tulum, Ewaan, Thiptara...

Les restaurants Kosher :
Armani Kaf, The kosher place , elly's kitchen, Bibi café .

LES, APPLIS À TÉLÉCHARGER

APPLICATIONS À TÉLÉCHARGER

WhatsApp :

Indispensable à Dubaï, tout le monde communique avec ça. C'est une application gratuite de messagerie instantanée, éditée par Facebook. Elle nécessite un numéro de téléphone pour la création d'un compte, ce qui permet de facilement retrouver tous les contacts du répertoire téléphonique (amis, famille, collègues) qui disposent déjà de l'application.
WhatsApp offre le chiffrement des conversations de bout en bout en utilisant le protocole de Signal. L'application permet d'envoyer des messages au format texte, des photos, des vidéos et des notes vocales. Les utilisateurs peuvent même s'échanger tout type de fichier, peu importe le format.
Depuis l'application mobile, il est possible de réaliser des appels vocaux et des visioconférences oui pas aux émirats arabes unis où les appels sont bloqués.

WhatsApp Messenger est entièrement gratuit pour son téléchargement et l'utilisation de l'application en elle même. Elle nécessite que vous soyez connecté à internet, pour les mobiles la connexion peut être effectuée en WiFi ou en données mobiles (selon votre forfait).
Ainsi vous pouvez utiliser la messagerie instantanée pour envoyer des messages sans utiliser votre forfait SMS (personne ne s'envoi des sms ici).

Instashop :

C'est l'appli qu'il faut avoir absolument, cela permet de pouvoir se faire livrer des repas, ses courses alimentaires, mais aussi commander des fleurs , des médicaments...

THE ENTERTAINER :

The Entertainer est une institution à Dubai. Vous bénéficiez (sauf jours fériés) de vouchers sur le principe de « 1 acheté égal 1 offert » dans cinq grandes catégories.
Pour en profiter, il vous suffit de télécharger sur votre téléphone l'application et d'acheter le package qui vous convient le mieux.

Certaines enseignes ou entreprises vous permettent accéder gratuitement à une version allégée. En voici quelques-unes :

- Les clients de la HSBC peuvent télécharger gratuitement l'application qui vous donne accès à plus de 10 000 offres dans 14 pays.
- Si vous êtes détenteur d'une carte Visa Platinium, Signature ou Infinite, vous bénéficiez des offres 2 pour 1 ainsi que de 5 000 réductions sur les voyages. Il suffit de télécharger l'application gratuitement ICI
- Le même principe est également disponible avec Mastercard avec plus de 900 offres à travers 90 destinations.
- Blue Rewards programme (Al-Futtaim Retail Group) propose également gratuitement à une partie des offres Entertainer.

Après une longue journée de travail à Dubaï, on n'a pas forcément envie de ressortir pour le dîner. Il peut être appréciable de commander des repas sur une application et se faire livrer.

Les services de livraisons semblent particulièrement utilisés à Dubaï : on voit des livreurs partout et le service est très efficace !

Voici les 3 applications les plus utilisées pour se faire livrer à manger :

Deliveroo :

Certainement la plus simple à utiliser, c'est exactement la même application que vous utilisez peut-être à Paris, Bordeaux, Marseille...

Vous n'avez donc pas à installer une nouvelle application et même pas à créer un nouveau compte si vous en avez déjà un. L'application est en français ce qui peut être pratique pour certains. Seul le nom des plats sera en anglais, mais presque toujours accompagné d'une photo.

Deliveroo facture 3% de frais de services + 5 AED de frais de livraison (peut varier en fonction de la distance entre le restaurant et le lieu de livraison).

Talabat :

Vous allez rapidement vous familiariser avec les livreurs en combinaison orange. Talabat est l'application de livraison la plus populaire du Moyen-Orient. Fondée au Koweit, Talabat opère désormais en Arabie Saoudite, aux Emirats Arabes Unis, en Iraq, en Inde, au Qatar, en Jordanie...

Le fonctionnement est le même que pour toutes les autres applications de livraison. En plus de la livraison de plats, Talabat propose la livraison de courses, de médicaments, de fleurs,

Talabat facture 7 AED de frais de service quel que soit le montant de la commande.
L'application Talabat n'est disponible qu'en anglais ou en arabe.

Careem :

Careem est avant tout une application pour faire appel à des chauffeurs ou des taxis comme nous vous avions parlé précédemment . Mais Careem propose également la livraison de repas, de courses, un service de coursier…
L'application est basée à Dubaï et très populaire au Moyen-Orient.
Careem facture les mêmes frais que Talabat : 7 AED quel que soit le montant de la commande.
Careem n'est disponible qu'en anglais.

Dubai police :

À avoir sur votre téléphone , en cas de perte ou de vol d'un objet, d'un accident de la route, ou bien si vous êtes perdu dans le désert. Vous recevrez par ailleurs les notifications en cas de gros accident sur la route , ou autres consignes de sécurité.

Dubizzle :

L'équivalent du bon coin, cela regroupe toutes les petites annonces de vente de véhicules, meubles, location immobilière..

LES SUPERMARCHÉS :

DUBAÏ EST CONNU POUR SES NOMBREUX ET GIGANTESQUES CENTRES COMMERCIAUX MAIS ILS NE SONT PAS FORCÉMENT ADAPTÉS POUR Y FAIRE SES COURSES AU QUOTIDIEN.

Alors nous avons mené l'enquête et demander les bonnes adresses. Même si chacun a ses habitudes par quartier, nous constatons que les enseignes ou les types de magasins fréquentés varient énormément d'une nationalité à l'autre, en fonction des habitudes de consommation de son pays d'origine bien sûr mais aussi de la qualité des produits et du service proposés.

CARREFOUR, l'enseigne préférée des français à Dubaï ? Oui probablement. Il est en tout cas très difficile d'y faire ses courses incognito sans y rencontrer un de ses compatriotes ou entendre parler français !
Il est vrai que c'est rassurant d'y retrouver ses marques et les produits bien de chez nous, qui nous sont si chers quand on vit à l'étranger, comme la crème fraiche épaisse ou certains fromages. Mais ne vous y fiez pas pour autant, l'offre reste différente de celle de nos hypermarchés en France car elle s'est adaptée à la clientèle locale.
Néanmoins, on y trouve un bon rapport qualité prix et de bonnes promotions en hypermarchés. On apprécie aussi les supermarchés Carrefour Market de quartier, à proximité de chez soi. Pensez également à commander vos courses sur internet .

Viva - Si vous faisiez vos courses à Aldi ou Lidl en France vous en serez pas dépaysé,il y a en partout à dubai , vous pouvez par ailleurs commander via talabat ou careem.

Instashop, c'est une des applications indispensables à Dubaï pour vous faire livrer, que ce soit vos courses, un gâteau ou bouquet de fleurs en dernières minutes...

UNION COOP - En général, on doit faire plusieurs magasins pour trouver tout ce dont on a besoin à Dubaï. Il faut aussi garder un œil sur son budget car, comme tout le monde le sait, la vie est chère aux Emirats. Difficile d'y voir clair dans les prix, il n'y a pas encore de comparateur de prix ici comme en France ! Nous avons mené notre enquête et il semblerait qu'une enseigne fasse l'unanimité pour ses prix, c'est Union Coop, présente à Dubaï depuis plus de 25 ans.
L'offre y est abordable et variée avec également un beau rayon fruits & légumes en provenance des pays du Moyen-Orient et d'Europe.
Vous y trouverez aussi un rayon « bio » bien fourni et une gamme de très bons produits italiens.

SPINNEYS et WAITROSE, les plus anglo-saxons, se partagent un marché plus haut de gamme et il faut reconnaître que c'est très agréable d'y faire ses courses. C'est cher, oui mais on y trouve des produits de qualité qu'on ne trouve pas ailleurs et un rayon « porc » pour les non-musulmans, que beaucoup apprécie de trouver ici à Dubaï. Ces magasins, répartis dans les zones souvent résidentielles de Dubaï, font surtout le bonheur des anglais qui y retrouvent les produits de chez eux.

CHOITHRAMS, propose, quant à lui également dans ses magasins des produits de l'enseigne britannique TESCO ainsi qu'un rayon « porc » pour les non-musulmans. Les prix y sont plus élevés, mais sensiblement moins chers que ceux de Spinneys et de Waitrose. L'enseigne offre aussi à ses clients un service de commande sur internet avec livraison de ses courses à domicile.

LULU HYPERMARKET, vous pouvez tenter l'expérience d'une visite chez l'enseigne d'origine indienne, qui privilégie une gamme de produits locaux en provenance d'Oman, du Liban, d'Iran et d'Inde, en plus des produits importés d'Europe.
Possibilité de commander vos courses sur internet.

En dehors de la grande distribution,
Il existe aussi aux Émirats des circuits plus spécialisés par type de produits. Des sites de vente en ligne sont également apparus à Dubaï ces dernières années, qui font le plus grand bonheur de ceux qui aiment les produits de qualités.

Myfarmdubai , cocorico C'est un français à l'origine de cette entreprise, ferme biologique à Dubai , et créations de produits de la ferme également bio (cosmétiques, spiruline, kombucha.) , faites vous livrer votre panier de légumes bio à domicile , ils font pareillement les installations de potagers bio pour particuliers et les chefs, écoles...

MAISON DUFFOUR vous proposera de très bons fromages mais également de très beaux plateaux d'huitres, vous avez également **Odéon.**

Toujours pour les adeptes du « bio », visitez les magasins **ORGANIC FOODS & CAFÉS** et **RIPE** qui vendent des produits alimentaires et non-alimentaires, et distribuent des marques exclusives à Dubaï, avec des promotions en magasins régulières.

Coté viande, les boucheries **PRIME GOURMET** dans Dubaï, peuvent vous préparer votre morceau de viande préféré et même vous le livrer chez vous.

Il y a également **LES GASTRONOMES** pour les véritables amateurs de viandes.

Pour le poisson, rendez-vous dans les petits marchés aux poissons, cachés dans les marinas de Jumeira et d'Umm suqeim, derrière la Jumeira road. Allez-y uniquement le matin pour y négocier votre poisson du jour tout frais !

Vous pouvez également visiter le tout nouveau marché aux poissons de Dubaï, le **waterfront Market place**, à Deira.
Ou bien avec **Maurad seafood**.

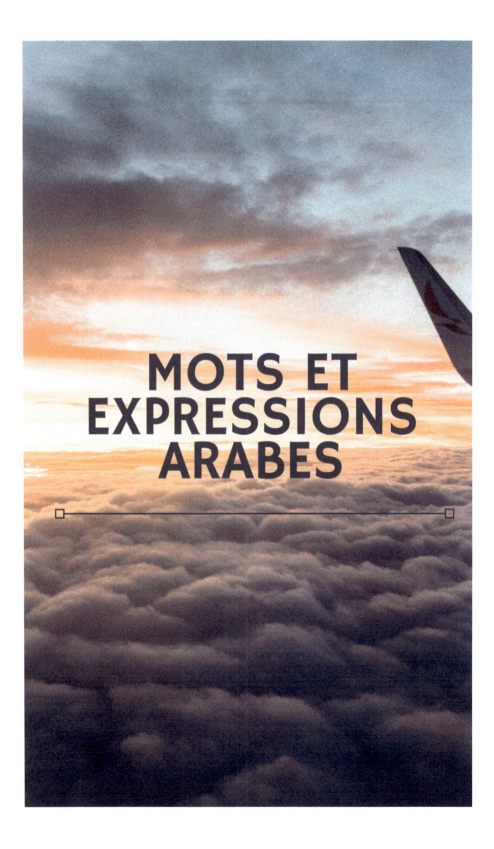

LES EXPRESSIONS ARABES À CONNAÎTRE POUR VOTRE VOYAGE À DUBAÏ

DÉBUTEZ PAR CES MOTS ET PHRASES INDISPENSABLES PUIS PROFITER DE VOS VACANCES.

Dubaï est une métropole moderne dans laquelle cohabitent des centaines de nationalités différentes. La langue officielle de la ville est l'arabe, mais l'anglais y est couramment parlé, pour le plus grand soulagement des visiteurs. Cependant, apprendre ces quelques mots et expressions arabes de base peut rendre le voyage un peu plus immersif.

Favorisez les interactions interculturelles et faites-vous de nouveaux amis grâce à ces phrases arabes de base.

Bonjour / Au revoir

Lors de votre visite de Dubai, les salutations les plus communes que vous entendrez seront marhaba (bonjour) et maasalaamah (au revoir ou paix sur vous) qui sont les salutations courantes.
Ahlan wa sahlan (bienvenue) est une expression utilisée lors de rencontres plus formelles. Sa forme raccourcie « ahlan » peut être utilisée selon le contexte.

S'il vous plait / Merci

Les premiers mots que la plupart des visiteurs retiennent sont shukran (merci). N'hésitez pas à l'employer lors de vos achats au souk, l'attention est toujours appréciée des commerçants. Les expressions min fadlik (féminin) et min fadlak (masculin) signifient quant à elles « s'il vous plaît ».

Oui / Non

Na'am (oui) et la (non) sont des indispensables qui, lorsqu'ils sont accompagnés d'un sourire, permettront à tous les voyageurs d'interagir facilement au quotidien.

Pardon / Excusez-moi

Afwaan est le mot idéal pour vous déplacer dans la foule, quitter temporairement la table ou bien décourager ce vendeur de pashmina un peu trop enthousiaste dans le souk.

C'est parti

Yallah est une expression couramment utilisée qui peut aussi bien signifier « allons-y » que « dépêchons-nous ». Plutôt autoritaire, il est utilisé lorsque vous souhaitez que la personne qui vous accompagne se presse, mais il est très mal vu de l'employer avec le personnel d'un restaurant ou une personne que vous ne connaissez pas.

Fini / C'est tout

Khalas (stop, fini, ou c'est tout) est un mot simple, mais très utile lorsque vous souhaitez dire à votre chauffeur de taxi de s'arrêter ou que vous voulez indiquer que vous avez fini votre plat.

Où se trouve...?

Phrase utile à connaître lors d'un voyage à Dubai, wayn al ..
(où se trouve) vous permettra de retrouver votre chemin dans la plupart des cas.

C'est une excellente expression à utiliser pour briser la glace et demander des instructions aux habitants de manière amicale.

NUMÉROS UTILES

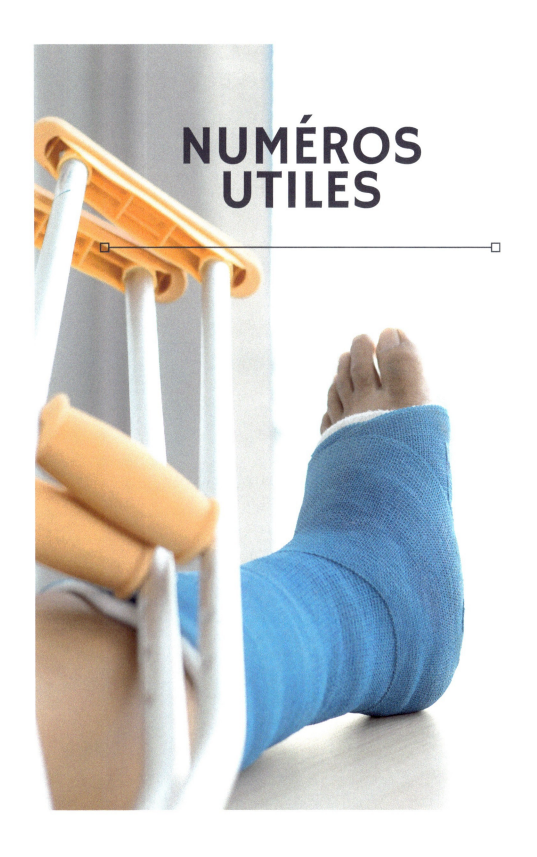

ACCIDENTS ET URGENCES AUX UAE

ON PEUT VOYAGER EN TOUTE SÉCURITÉ AUX ÉMIRATS ARABES UNIS, SI MALGRÉ TOUT, VOUS FAITES FACE À UNE URGENCE OU UN ACCIDENT, VOICI UNE LISTE DE NUMÉROS ET CONTACTS UTILES.

Numéros de téléphone d'urgence aux Émirats arabes unis
Attention : tous les numéros suivants sont gratuits.

Le **999** est numéro d'urgence principal des Émirats arabes unis. Il met l'appelant en contact avec la police et sert dans la plupart des situations d'urgence.

Autres numéros importants :
- Ambulance - Tél. : 998
- Pompiers - Tél. : 997
- Garde-côtes - Tél. : 996

Dans la mesure du possible, faites en sorte d'être accompagné d'une personne arabophone au moment de l'appel ou au moins anglophone.

Pour décrire votre urgence, vous devrez fournir les éléments suivants :
- Votre nom
- Le type d'accident dont il est question
- L'emplacement exact de la situation d'urgence
- La présence éventuelle d'une personne blessée et son état actuel

En fonction de la nature de votre urgence, l'opérateur peut vous demander des informations supplémentaires.

Urgences médicales aux Émirats arabes unis :

En cas d'urgence médicale aux Émirats arabes unis, appelez une ambulance au 988. Le temps de réponse moyen des ambulances aux Émirats arabes unis est d'environ huit minutes.

Si vous êtes à proximité d'un hôpital, il peut être plus rapide de vous y rendre en voiture ou d'appeler un taxi.

Dans ce même contexte, vous serez référé à l'hôpital le plus proche pour un diagnostic et un traitement immédiat.
Il est également possible que l'hôpital vous transfère par la suite dans un autre établissement, mieux équipé, en fonction de vos besoins.
Notez que l'utilisation des ambulances est payante aux EAU, aussi, comptez entre 600 AED et 1 200 AED., tout comme l'hospitalisation ou rapatriement.

Hôpitaux aux EAU:

On trouve deux types d'hôpitaux aux EAU : publics et privés.

En cas d'urgence médicale, vous pouvez obtenir un traitement gratuit dans n'importe quel hôpital public des Émirats arabes unis Comme rashid hospital ou zahra hospital plus spécialisé dans les soins aux femmes et enfants.
Si vous devez recevoir des soins spécifiques, cela vous sera facturé.

Pharmacies aux Émirats Arabes Unis:

Les pharmacies ne manquent pas aux Émirats Arabes Unis et nombre d'entre elles fonctionnent 24 heures sur 24.
Les pharmacies de jour sont généralement ouvertes du samedi au jeudi, de 9h à 21h.

Vous ne devriez avoir aucune difficulté à trouver les médicaments les plus courants aux EAU, cependant, certaines prescriptions sur ordonnance répandues dans d'autres pays peuvent être illégales aux Émirats arabes unis.

Vous pouvez même commander par whatsapp et vous faire livrer à votre hôtel par 800 pharmacy (+971 55 223 6969).

Important :
Si vous prenez des médicaments sur ordonnance, assurez-vous de consulter la liste des médicaments non autorisés aux Émirats Arabes Unis avant de voyager. L'importation de médicaments considérés comme illégaux peut entraîner des conséquences très graves.

Comment trouver un médecin aux Émirats Arabes Unis ?
Il n'est pas difficile de trouver un spécialiste aux Émirats arabes unis.
Notez que pour consulter un spécialiste aux Émirats Arabes Unis, vous pouvez prendre rendez-vous directement auprès du médecin concerné et qu'il n'est pas nécessaire de consulter au préalable un médecin généraliste.
Toutefois, le médecin généraliste peut vous orienter vers le spécialiste pertinent en fonction de vos besoins.

Urgences routières aux Émirats arabes unis :
En cas d'implication dans un accident de la circulation aux Émirats arabes unis, vous devez immédiatement appeler le numéro d'urgence (999) pour un signalement à la police.

Bon à savoir
Il est illégal de quitter les lieux d'une collision sur la route.
De plus, tout délit de fuite en cas d'accident est passible d'une amende, d'un retrait de six points sur le permis de conduire et de la confiscation du véhicule.

Pour obtenir une assistance routière aux Émirats arabes unis, vous pouvez contacter :
Roadside Assistance Dubai - Tél : 056 1158598
Department of Transport Abu Dhabi - Tél : 800850
TRAC UAE - Tél : 971 8004565

Ou bien directement sur l'application Dubai Police

Joindre le Consulat Général de France à Dubaï :

La prise de rendez-vous se fait exclusivement sur le site internet du consulat, rubrique « prendre rendez-vous avec le consulat »,
Vous pouvez néanmoins les contacter par messagerie : consulat.dubai-fslt@diplomatie.gouv.fr

Avant d'écrire, nous vous recommandons de consulter le site internet pour toute demande d'information et en particulier les questions / réponses et Infos pratiques
Téléphone : +971 4 408 4900
Horaires :Uniquement sur rendez-vous
Standard affaires consulaires : + 971 4 408 4900, de 8H30 à 13H et de 14H à 16H du dimanche au jeudi.

J'ai Perdu mon sac ou téléphone, que faire ?

Rien n'est jamais perdu à Dubaï, et le vol quasi nul, si vous avez oublié dans un taxi, essayer de la recontacter sur l'application par laquelle vous avez réservé ou bien à la station de police la plus près.

Évitez les longues expositions au soleil et à la chaleur.

Les Émirats arabes unis ont des étés chauds avec des températures pouvant atteindre 48 degrés Celsius. Si vous n'êtes pas habitué à de telles températures et à de longues périodes d'exposition au soleil, assurez-vous de prendre les précautions nécessaires : utilisez de la crème solaire, buvez beaucoup d'eau et ne restez pas trop longtemps en plein soleil.

Nous voila à la fin de ce livre, en espérant qu'il est répondu à toutes vos questions.

Maintenant à vos valises !

N'oubliez pas de réserver vos activités et services sur
Dubaiorganizer.com

L'équipe parle Français et Anglais et sauront vous guider au mieux.

« *Voyager vous laisse d'abord sans voix, avant de vous transformer en conteur.* »
– *Ibn Battuta.*

Printed in Poland
by Amazon Fulfillment
Poland Sp. z o.o., Wrocław

25063665R00168